与最聪明的人共同进化

CHEERS

HERE COMES EVERYBODY

财富
善战者说

舒泰峰 著

WIN FIRST AND THEN GO TO WAR

浙江教育出版社·杭州

你知道如何才能成为财富善战者吗？

扫码加入书架
领取阅读激励

- 无论是作战还是投资，真正占第一位的是谋略而不是速度，要耐心等到机会出现再行动，这是对的吗？（　）

  A. 对

  B. 错

扫码获取全部测试题及答案，一起学习财富善战者的全胜之道

- 《孙子兵法》的思想与巴菲特的投资哲学有异曲同工之妙，以下孙子的哪句名言体现了巴菲特的逆向思维哲学？（　）

  A. 以虞待不虞者胜

  B. 以正合，以奇胜

  C. 避其锐气，击其惰归

  D. 不战而屈人之兵

- 许多投资者认为投资的股票数量越多越好，越分散就越安全，这是对的吗？（　）

  A. 对

  B. 错

扫描左侧二维码查看本书更多测试题

各方赞誉

《孙子兵法》不仅是一部传世兵书,也是一部智慧之书,无论你是从政、从军,还是从商、从文,都能从中得到启示。《孙子兵法》的精髓是"求存""求胜",永远立于不败之地,崇尚"先胜后战""知己知彼,百战不殆""不战而屈人之兵"。投资和人生的精髓也是如此,要保持理性,冷静观察,敏锐行动,管控风险,守住底线,随机应变。正所谓"胜者为王""剩者亦为王"。走得快,不如走得稳;走得稳,不如走得远。笑到最后,才是赢家。《财富善战者说》作者舒泰峰先生从《孙子兵法》中汲取了许多营养和灵感,又结合自身实践,提出许多心得体会和真知灼见,既是很好的投资心法,也是很好的人生心法。

叶国标
上海证券报社党委书记、董事长

智慧在很多领域都是互通的,古与今相通、中西方相通、治国与经营相通、打仗与投资相通。舒泰峰先生的这部《财富善战者说》,把《孙子兵法》中的智慧运用于投资理财,并用虚拟与现实结合的方式,让读者能够在轻松自如的阅读过程中掌握十大投资之道。兵无常势、水无常形，但大道至简，从本书中不难发现，现代经典投资成功案例与古代孙子兵法的智慧能够跨越时间，彼此相通。

李迅雷

中国首席经济学家论坛副理事长

从《孙子兵法》中总结投资实战方法论，舒泰峰不是第一个这样做的，但他的这本《财富善战者说》更让人充满惊喜：在书中他穿越时空，把孙子、巴菲特和芒格连接在一起对话，讨论战争与投资的内在关联，总结出 10 个具体投资方法，让人很受启发。全书对话生动，设计精巧，富有内涵，值得所有对战略性理性投资感兴趣的人细读。

何　刚

《财经》杂志主编，《巴伦周刊》中国联创人

《哈佛商业评论》中文版主编

《财富善战者说》采用了"孙子对话巴菲特"的超时空形式，又融入大量的中西方战争、投资案例和作者点评，读起来趣味盎然，像是听一场乐器三重奏。这是作者上一本书《财富是认知的变现》中"老子对话巴菲特"的延续，舒泰峰找到了一种特有的表达方式，将巴菲特和芒格的价值投资基本方法论进行了十分有趣的中国式解读，也让人惊叹中西方智慧竟是如此相通。阅读这本书是一场轻松又发人深省的思维奇旅。

邓庆旭

新浪高级副总裁，新浪财经 CEO

推荐序

决不做不可逆的事

裘国根
重阳投资创始人、首席投资官

投资是一场与不确定性打交道的游戏,小概率事件甚至"黑天鹅"事件时有发生。"黑天鹅"事件无法预测,虽然其发生概率极低,但是一旦发生,后果却极为严重。

著名人类学家、《枪炮、病菌与钢铁》作者贾雷德·戴蒙德(Jared Diamond)28岁时去新几内亚岛的热带雨林做田野调查,找了一块营地准备搭帐篷。他自认为找到了一处完美的地方,那里有一棵高大笔直的大树,正好位于山脊的一片空地,视野开阔,很适合观察鸟类。但同行的新几内亚原住民们却非常焦躁不安,说什么都不肯睡在帐篷里,宁愿睡在百米开外的开阔地上,因为那棵树已经枯死了,他们担心它夜里会倒下来。

戴蒙德认为他的新几内亚朋友们太过于小心敏感。过了很多年,当他又累积了不少在新几内亚的生活经验后,发觉每个夜里都能听到森林里某个地方枯树倒地发出的巨响。他忽然醒悟,开始认真做估算,如果选择夜里睡在枯树下面,枯树碰巧倒下来把他砸死的概率约为千分之一,那么不出3年(1 095个夜晚),他就死了。而一个新几内亚人一年中大约会有100个夜晚在森林里度过,这意味着,不出10年时间他就可能一命呜呼。

戴蒙德错在一开始心存侥幸,以为枯树不会倒塌。他的想法背后实际上涉及"遍历性"原理,所谓遍历性是指某类事件在大样本和充足时间的检测下经历各态后,统计结果在时间上和空间上是一致的。反过来说,若有一个随机过程,其过往的历史概率不能适用于其未来的情景,那么这个随机过程就不具有遍历性。单次暴露在枯树下被砸中的概率看起来不高,但是持续的暴露将极大增加这种概率,而一旦被砸中就是灭顶之灾,是个不可逆的过程。相比而言,新几内亚人在与大自然的长期博弈中天然更懂得遍历性。

遍历性也可以运用在投资中,如果一种策略不具有遍历性,那就意味着有爆仓或出局的可能,投资就变成了危险的"俄罗斯轮盘赌"。

推荐序　决不做不可逆的事

在我看来，理性投资有三个层次：概率思维、算期望值和防"黑天鹅"。概率思维是理性投资中最初级的层次。长期看，较高的投资期望值源自"知行合一的数学思维"和"良好的基本面判断能力"的合成。"数学思维"包括以下两个关键要素：其一，不干不可逆的事情，如果输了就没机会翻本的生意或投资绝对不干。其二，朴素地知道有些事表面看财务风险很大，但只要有足够的风险补偿，而资金安排上又稳健的话就值得做，并且极有可能大赢。最高一个层次是防"黑天鹅"，"黑天鹅"事件的发生概率虽然是万分之一甚至更小，但鉴于其发生后果的严重性，从全概率的角度考虑也应该给予高度重视。

当前中国处于"百年未有之大变局"之下，投资形势面临很大的挑战，传统的规律、认知或经验在新格局中都可能失效。这更加提醒我们要时刻保持投资策略的遍历性思维。

在这方面，中国传统经典《孙子兵法》可以给投资带来非常有益的启示。其核心思想"先胜后战"与遍历性思维有异曲同工之妙，它不仅要求作战前做好全方位的准备，使自己先立于不败之地，同时还要等待对手松懈或者犯错误时再发起攻击，目的是确保万无一失，毕竟"兵者，国之大事，死生之地，存亡之道，不可不察"。《孙子兵法》不仅要求"先胜"，还追求"全胜"，最好是"不战而屈人之兵"，以最小的代价获得最大的收益，这更是代表了中国哲学最高境界的仁者之道。

我的同事舒泰峰出身人文学科，在一线财经媒体从事新闻传播10年，又在重阳投资工作多年，这种跨界经历让他产生了独特的视角，将《孙子兵法》与价值投资的一些基本原理相对应相衔接，读来趣味盎然，让人很受启发。

自 序

善战者之道，先胜而后求战

"形而上者谓之道，形而下者谓之器。"任何技艺达到最高处都是一种方法论，而且这种方法论一定是逻辑自洽的，是一个优美的闭环。庖丁解牛，解到最娴熟时也变成了一种哲学。

在本书付梓之际，查理·芒格辞世，此时离他的百岁寿辰只差了一个月零两天。此前一个月他还接受了长时间的播客专访，几乎工作到人生的最后一刻，可谓寿终正寝，功德圆满。他的老搭档沃伦·巴菲特也已经接近 94 岁，不仅保持健康，而且还在愉快地工作，依然能够一边吃着零食，一边侃侃而谈五六个小时。

他们的生命奇迹是如何造就的？除了某些天命所归且无法复制的因素，如基因、智力等，也与他们后天所构建的世界观、方法论相关。笔者试图用一种中国式的表达梳理他们大脑中的那座奇妙思维大厦的架构，他们的"方法论操作系统"。为此，笔者借用了另外一种顶尖的"思维武器"——《孙子兵法》，让孙子与巴菲特、芒格进行了一共 10 场跨越时空的虚拟对话。通过这一系列对话，笔者梳理出了巴菲特投资方法论的闭环，它恰好也是《孙子兵法》的理论闭环。虽然这个闭环的路径不一定十分准确、清晰，但正如投资界常讲的，"模糊的正确胜过精确的错误"，希望本书也能做到"模糊的正确"。这个闭环大概由以下 10 个环节铺就。

第一，以优胜劣：择人而任势。

什么是好企业？就是能为股东创造长期利润，同时也能为社会创造价值的企业。我们能从哪些方面来衡量一个企业是不是好企业？它需要有好的管理层、好的商业模式，并且符合产业发展趋势。那从《孙子兵法》的角度怎样来对应这 3 个衡量标准呢？孙子说："故善战者，求之于势，不责于人，故能择人而任势。""择人"相当于挑选好的管理层，"任势"相当于顺应产业发展趋势并选择其中好的商业模式，它们一起构成企业的竞争优势。

第二，以逆克顺：避其锐气，击其惰归。

好企业不等于好标的，好企业加上好的投资价格才算是好标的。所以除了买好的，还要买得好，也就是买得便宜。但是怎么才能买得便宜呢？这就需要逆向思维，做到人弃我取。在别人不喜欢的时候买,或者在别人所忽略的地方买,才能用合理的甚至比估值低的价格买到优秀的标的。《孙子兵法》有云:"避其锐气,击其惰归。"避开敌军初征时的旺盛斗志,等到敌人松懈返回时予以痛击,其中的原理与投资的原理相同。

第三,以慢制快:以虞待不虞者胜。

好价格不会自动出现,就像好的猎物总是躲在密林深处。它们都需要我们耐心等待,等到潮水退去,喧哗不再。巴菲特十分善于等待。他很欣赏棒球运动员泰德·威廉姆斯(Ted Williams),因为威廉姆斯从来不会在真正的好球到来之前乱挥球棒。巴菲特为了等待一个好的标的,也总是不惜花费数年甚至数十年,芒格称之为"坐等投资法"。而《孙子兵法》则主张"善守者,守于九地之下",最终实现"以虞待不虞者胜",即以有准备之师攻击无准备之敌,才能够获得最终的胜利。

第四,以少胜多:一战而定。

奉行"坐等投资法"的巴菲特必定不会出手太多次。与许多人喜欢分散投资不同,他更喜欢马克·吐温的建议,"把所有鸡蛋放在同一个篮子里,然后小心地看好它"。当然,只做一次投资的确太少,他对普通投资者的建议是给自己准备一张只有20个打孔位的卡片,代表一生中能做的所有投资。一旦你在这张卡片上打满20个孔,你就不能再进行任何投资了。相应地,《孙子兵法》也不主张多打仗,因为打仗消耗的人力、物力很多,会导致"数胜而亡",总是打胜仗的国家最后反而可能灭亡。《孙子兵法》之道其实是慎战之道,讲究少打仗(最好不打仗),不战而屈人之兵是最高境界,实在要打也要追求"一战而定"。

第五,以勇胜怯:疾如风侵掠如火。

等待不是目的而是手段,它只适用于机会没有来临之时。一旦机会到来,就要勇于扑上去。正如重阳投资创始人、首席投资官裘国根先生所说:"机会来了,要敢于重仓出击,踏上两只脚。"巴菲特的表述是:"当天上下金子的时候,应该用大桶去接,而不是用小小的指环。"金融危机发生之时往往就是巴菲特横扫市场之时。越是观察巴菲特的投资操作,越会发现他就像一个老练的猎人,拥有超人的耐心和毅力,在猎物没有出现之前始终静静地等待,一旦猎物出现就果断出击,一击而中。《孙子兵法》同样讲究要么不打,军队一旦行动,则要"动于九天之上",其"疾如风""侵掠如火""动如雷震"。也就是说,真正善于攻击的部队就像从天而降的神兵,横扫千军,像风像火像雷霆。

第六,以稳胜险:以正合,以奇胜。

凡事都有限度,过犹不及。重拳出击不代表"ALL IN"(全部投入)或者大举放杠杆。因为杠杆是把双刃剑,既可以让你一夜暴富,也可以让你一夜归零。投资的世界中永远有不确定性,"黑天鹅"时常出没，所以还要记得留一手。巴菲特的账上永远"躺着"至少 300 亿美元现金和现金等价物，虽然它们的收益很低，但是能让巴菲特睡得很安稳。一旦爆发金融危机，当其他公司都在为生存而挣扎的时候，巴菲特还有充足的"子弹"去抄底。正所谓进可攻，退可守。《孙子兵法》说："凡战者，以正合，以奇胜。故善出奇者，无穷如天地，不竭如江河。"凡是打仗，就要分兵，用正兵会战，以奇兵制胜。懂得使用奇兵的人，像天地一样无穷无尽，像江海一样绵绵不绝。韩信背水一战的精髓其实不在于绝处逢生的勇气，而在于事先的分兵，正兵与奇兵相呼应才产生了奇效。像巴菲特和韩信一样，善战者总会留有后手。

第七，以变克僵：兵无常势，水无常形。

巴菲特的投资方法似乎自相矛盾，慢的时候像千年神龟，可以静静等待数年乃至数十年，但是快的时候犹如闪电。他的有些投资持股时间很长，他说："我们偏爱的持股期限是永远。"但他也说过："我们没有承诺伯克希尔－哈撒韦将永远持有任何有价证券。"实际上，巴菲特不乏快进快出的操作案例，有的持股时间甚至不超过一个季度。他的投资方法并不是僵化的，而是相当灵活多变，芒格将这种方法总结为"条件变了我们也要变"。这就像水的智慧，《孙子兵法》说"兵无常势，水无常形"，水至柔却能克万物，正因为它善于变化。

第八，以熟避生：知可以战与不可以战者胜。

要做到前面7个环节，一个重要的前提是知彼知己。投资归根结底是两件事情：一是认识客观的世界，二是认识主观的自己。巴菲特主张不熟不投，即首先要对自己有清晰的认识，避开陌生的东西，绝不踏出能力圈半步，其次才是对标的进行判断。这就要求投资者一方面要不断习得各类知识和技能以了解客观世界，另一方面也要诚实面对自己，剖析自己的种种认知偏差，避免成为一个"不知道自己不知道"的傻瓜。《孙子兵法》则说"知可以战与不可以战者胜"，即知道什么仗可以打、什么仗不可以打的人才能获胜。

第九，以强胜弱：先胜而后求战。

变化也有限度，投资的具体操作可以变化，基本原则却不可改变，这些基本原则不仅包括把股票当作企业所有权的一部分、买好的企业、用合理价格买等，还包括不打没把握的仗。巴菲特的原话是："在投资方面，我们之所以做得非常成功，是因为我们全神贯注于寻找自己可以轻松跨越的1英尺栏杆，而避开那些我们没有能力跨越的7英尺栏杆。"《孙子兵法》则说"古之所谓善战者，胜于易胜者也"，人人都喜欢以少胜多、以弱胜强的传奇故事，其实这些故事大错特错，以多胜少、以强胜弱才是作战的正道。真正善战的人在战争开始前就已经获胜了，是为"先胜后战"。

第十，全胜思维：不战而屈人之兵。

世上道路千万条，投资方法也不少，但是价值投资最接近投资之仁道，它要求用最小的代价买到好的企业，也要求爱惜被投资的企业，必要时要通过改善治理的方式帮助企业实现增长。它不是零和博弈，而是多赢之道。《孙子兵法》说："兵者，国之大事，死生之地，存亡之道，不可不察也。"先胜是手段，全胜才是最终目标，这是因为打仗是国家大事，会牺牲人命，甚至直接关乎国家的存亡，所以打得赢也要算代价，正所谓"夫用兵之法，全国为上，破国次之；全军为上，破军次之。"用兵之道，使敌人举国降服是上策，用武力击破敌国是次等选择；使敌人全军降服是上策，击败敌军是次等选择。这正是《孙子兵法》的终极价值观——全胜思想。

在这10个环节中，前8个是方法论，是树杈，而其主干是"先胜后战"。最后一个是价值主张，是支撑"先胜后战"主干的根系。它们一起构成了巴菲特的投资闭环，同时也是《孙子兵法》理论的闭环。它们环环相扣，形成了一棵富有生命力的认知大树，而财富则是这棵大树结出的璀璨花朵。同时，我们完全可以借助这个闭环来观察商业、剖解时事乃至观照人生。

从创作逻辑而言，本书是笔者上一本书《财富是认知的变现》的续篇。如果说《财富是认知的变现》是关于投资认知与人性的底层逻辑的，本书则是在此基础上，进一步刻画的价值投资方法论的操作系统。前一本更底层，后一本更实用，但想要理解这本书背后的原理，还需先阅读前一本书。它们之间联系密切，构成了"财富认知"系列作品，笔者希望日后还能沿着这个主题再进行相关创作。

读者可能会好奇为何有孙子对话巴菲特的创意,其来有自。笔者在《财富是认知的变现》中创作了 12 节"老子对话巴菲特"的内容,穿插于全书之中,用穿越时空的虚拟对话形式呈现了中国古典智慧与价值投资的相通之处。这一创意受到不少读者朋友的喜爱,有的读者说此创意脑洞大开,有的读者说此创意使阅读兴趣大增。有位读者评论道:"老子、巴菲特和芒格三位智者展开跨时空对话,将东西方智慧融会贯通,读来实在让人欲罢不能。"还有位读者说:"没想到从这本书中看到了对老子智慧的最佳解读。"这自然是愧不敢当,但的确道出了笔者一个隐蔽的初心。笔者大学期间主修的是人文专业,所以向来有一个愿望,希望能够通过自己的书写为中国古典智慧的传播尽一份绵力。意外的是,在职业生涯头 10 年的媒体工作中,笔者并没有找到恰当的机会,倒是在加入重阳投资之后,不经意间发现价值投资的一些核心理念与中国古典智慧有许多巧妙的联系,或者说它们都包含了一些可以放之四海而皆准的普适性智慧。正因此契机,当笔者把这些智者拉到一起进行虚拟对话的时候,读者才会觉得毫无违和感。

与价值投资理念相通的不仅仅是老子的《道德经》,还有《孙子兵法》。如果说《道德经》更多属于"道"层面的启发,那么《孙子兵法》无论是从"道"的层面还是从"术"的层面,与价值投资的相通之处都更为丰富,其实战意义更胜于《道德经》。

在"老子对话巴菲特"的第 11 节内容中,笔者已经通过老子之口引出了《孙子兵法》的一些观点,并获得了巴菲特的激赏,这本书的创意便从这里萌发。我们设想,好学的巴菲特从老子那里听

自　序　善战者之道，先胜而后求战

到《孙子兵法》的观点之后，尚觉不过瘾，于是便自己找来《孙子兵法》阅读，但毕竟存在语言差异，在理解上势必有所差异。所以他就通过老子直接与孙子建立了联系，而久不出山的孙子也对投资很有兴趣，于是他们就以"老子对话巴菲特"为样板，如法炮制，进行了一系列关于兵法与投资之道的对话。[①] 笔者则以"密斯特舒"的身份充当主持人的角色，保障对话的流畅进行。这里需要做个说明，文中涉及《孙子兵法》、巴菲特和芒格的原话均以直接引语的方式标明，非直接引语的部分则是为了让对话顺畅进行或者增加语言生动性的一种设计，是笔者模拟他们的语气进行的发挥，请读者在阅读时注意区分。

这本书采用了一种罕见的叙事方式，所以有必要做个说明。书中共有4条脉络，主线是孙子与巴菲特和芒格的对话，对话体的好处是读起来比较轻松，但是容易抓不住主题。所以笔者在每篇对话的前面加了楔子，以起到提纲挈领的作用；在对话体之后加了"密斯特舒赞叹"部分，作为总结和提升。另外，为了增加丰富性以及趣味性，笔者在每章中穿插了两个故事，一个是战争故事，另一个是投资故事。这4条脉络当然有其内在联系，但是随意从哪一部分开始阅读，只要最终能够像拼图那样拼出一幅全貌，就未尝不可。希望这种特别的叙述方式能够增进你的阅读快感！

是为序。

[①] 本书中孙子与巴菲特、芒格的跨时空对话均为虚构。为增加对话的生动性和趣味性，笔者假想孙子能够穿越时空到现代，饱览古今中外的军事案例。因此，孙子会介绍自己生前未发生过的案例，请读者注意区分。

目 录

推荐序　　决不做不可逆的事

裘国根
重阳投资创始人、首席投资官

自　序　　善战者之道，先胜而后求战

01　以优胜劣：择人而任势　_001

寻找长坡厚雪　_005
任势，事半而功倍　_013
挑选德才兼备的首席执行官　_016
上下同欲者胜　_022

密斯特舒赞叹　投资就是投人　_030

02　以逆克顺：避其锐气，击其惰归　_039

恐惧是好朋友，乐观是大敌　_043
反过来想，总是反过来想　_050
以迂为直，以患为利　_053
周期造就逆向　_055

密斯特舒赞叹　逆向思维说起来容易做起来难　_059

03　　**以慢制快：以虞待不虞者胜**　_071

　　　治心　_075

　　　治力　_079

　　　等一个好时机　_082

　　　密斯特舒赞叹　散步的梅西更可怕　_090

04　　**以少胜多：一战而定**　_099

　　　打仗很贵　_103

　　　数胜而亡　_105

　　　有所投，有所不投　_111

　　　投资界"柳下惠"　_115

　　　密斯特舒赞叹　投资不是捕鱼，广撒网并不一定有
　　　　　　　　　　　好收成　_119

05　　**以勇胜怯：疾如风侵掠如火**　_129

　　　机会出现时要大力出击　_132

　　　静若处子，动若脱兔　_138

　　　善攻者，动于九天之上　_141

　　　要懂得蓄势　_146

　　　密斯特舒赞叹　机会来了，要踏上两只脚　_148

目录

06　以稳克险：以正合，以奇胜　_157

留住备用金，才能进退有度　_161
真正的风险藏于认知之外　_166
以正合，以奇胜　_168
奇正之变，不可胜穷　_175

密斯特舒赞叹　永远留一手　_176

07　以变克僵：兵无常势，水无常形　_185

兵者诡道　_189
攻其不备，出其不意　_193
条件变了，我们也要相应改变　_196
投资中的"避实击虚"　_203

密斯特舒赞叹　支配敌人而不被敌人支配　_204

08　以熟避生：知可以战与不可以战者胜　_213

只做自己完全明白的事　_217
简单点，再简单点　_222
最重要的是确定能力圈的边界所在　_226

密斯特舒赞叹　股市专治各种不服　_231

09 以强胜弱：先胜而后求战 _241

不可胜在己，可胜在敌 _245

胜于易胜 _249

永远保持理性 _254

安全边际永远有效 _258

密斯特舒赞叹 用"五事七计"确保"先胜后战" _263

10 全胜思维：不战而屈人之兵 _273

上兵伐谋 _277

不战而屈人之兵 _282

惜本金如子 _285

回归价值本道 _290

密斯特舒赞叹 打得赢也要算代价 _293

附　录　《孙子兵法》全文 _309

参考书目 _327

后　记 _331

01

以优胜劣：
择人而任势

什么是好企业？
从哪些方面衡量好企业？

巴菲特：
好的企业要有好的商业模式、好的管理层，以及符合产业发展趋势。

孙子：
故善战者，求之于势，不责于人，故能择人而任势。

01 以优胜劣：择人而任势

作战之道，一言以蔽之，就是"择人而任势"，选择好的将领然后顺势而为。短短 5 个字包含了 3 个重要的环节。首先是择人，也就是挑选好的将领。什么样的人才算得上是好的将领？他们需要符合 5 个标准：智（多谋善断、懂得变通），信（讲诚信、有威信），仁（爱人悯物），勇（果敢勇武），严（纪律严明）。其次，在找到好的将领后，应当给予他充分的信任，而不是处处掣肘。只有上下一心方能赢得胜利，也就是"上下同欲者胜"。最后，好的将领要懂得"任势"，也就是善于建立自己的优势，并且顺势而为，就像从千仞高山上滚下圆石一样，要用强大的势能碾压敌人。势能有 3 种，具体的操作包括："因势"，即借助对手的力量，因势利导，借力打力；"地势"，即借用地理位置上的优势；"气势"，即鼓舞士气，借用士气的力量。如果没有现成的"势"又该怎么办？那就得"造势"。把一块顽石放在平地上,它就没有"势",但是把它搬到山顶后,它便有了千钧之势。

投资的本质也是"择人而任势"。投资的直接对象是企业,所以挑选好企业是投资的重中之重。但是评定好企业的标准是什么呢?我们需要从多方面去考量,包括产业发展趋势、商业模式和管理层。前两者是"势",后者是人。只有这3方面都很出色,才算是好企业。

巴菲特和芒格把寻找杰出的经理人作为他们工作的重中之重。他们对于什么是好的经理人也有十分明确的评判标准:第一是理性,始终拥有独立思考的能力;第二是诚信,做人要正直;第三是热爱他们管理的企业;第四是具备较强的资金配置能力,能为企业创造更高的投资回报;第五是懂得控制成本。这5个标准与《孙子兵法》中的"智、信、仁、勇、严"有异曲同工之妙。

在找到杰出的经理人之后,巴菲特和芒格同样奉行"用人不疑,疑人不用"的原则,他们几乎不去各个子公司进行实地考察,只是每个月看看经理人的文字汇报,完全放手将企业交给这些经理人去经营。

当然,"巧妇难为无米之炊",再杰出的经理人所经营的企业也需要符合"势",这里的"势"便是指好的产业发展趋势与好的商业模式,也就是巴菲特所说的"长坡厚雪"。只有符合产业发展趋势，企业才有成长的空间，这就是"长坡"；只有拥有好的商业模式，企业才能获得强大的盈利能力，这就是"厚雪"。那么，什么样的商业模式才是好的？好的商业模式往往会让企业拥有强大的"护城河"，不会轻易被其他企业取代。"护城河"自然是越宽越好，最好里面盘踞着很多食人鱼和鳄鱼，让敌人望而生畏。企业"护城河"的构筑就是一个蓄势的过程。总之，**最好的投资机会一定是"势"与人的完美结合**。

这是"巴菲特闭环"中的第一环节。我们一起来看看巴菲特、芒格和孙子是怎样具体展开讨论的。

寻找长坡厚雪

人生就像滚雪球，最重要的是发现湿雪和长长的山坡。

密斯特舒：尊敬的孙先生、沃伦、查理[1]，你们好，我非常荣幸之前主持了老子与沃伦、查理的12次圆桌对话。在第11次对话中，老子介绍了《孙子兵法》，沃伦和查理都非常感兴趣，希望与孙先生见面对谈，于是老子促成了

---

[1] 为更加符合对话习惯，本书在对话部分中均以名来称呼沃伦·巴菲特和查理·芒格，即称巴菲特为沃伦，称芒格为查理。——编者注

今天的对话。在此要感谢老子的牵线搭桥。[1] 几位先生互相打个招呼如何？

巴菲特：孙先生好，久仰大名，非常荣幸有机会向您请益兵法之道。

芒　格：我也是。

孙　子：沃伦和查理客气了，我看了你们与老子的全部对话，也激发起我对投资之道的兴趣。我也很乐意与两位一起聊聊天，互相启发。

密斯特舒：时间宝贵，不如我们直奔主题，开始对话。

孙　子：我很久没出来活动了，那就由我先来提问吧。恕我单刀直入，请问沃伦和查理，想要做好投资，关键的一条是什么？

巴菲特：这个问题很大。或许我有一句话能够勉强回答："人生就像滚雪球，最重要的是发现湿雪和长长的山坡。"

孙　子：这句话很浪漫，是怎样的经历让沃伦有了这样精妙的比喻？

巴菲特：这其实源于我童年的一次经历，密斯特舒对我的经历很熟悉，不妨给先生介绍一下。

密斯特舒：没问题。9岁那年的冬天，沃伦和妹妹在院子里玩雪。

---

[1] 老子与巴菲特、芒格的12次圆桌对话可见笔者的《财富是认知的变现》一书。

他用手接着雪花，一开始是一次一捧。随后，他把这些少量的积雪铲到一块儿，捧起来揉成一个雪球。雪球变大之后，沃伦让它在地上慢慢地滚动。每推动一次，雪球就会裹上更多的雪。他推着雪球滚过草坪，雪球越来越大。很快，沃伦把雪球滚到了院子边上，还穿过了附近的街区。这次滚雪球的经历让沃伦记忆深刻，当然这句话并非沃伦童年时所说，而是他在事业成功之后提炼出来的。"滚雪球"也成了沃伦唯一授权的人生传记的书名。

孙　子： 真是有趣的经历！但是这句话似乎更适合用来形容人生吧？

巴菲特： 这句话既可以形容人生也可以形容投资。很多同行喜欢我这句话，并将其概括为一个词，即"长坡厚雪"。"长坡厚雪"从此变成了投资界的一个术语。他们概括得很好，的确点出了投资的精髓。

孙　子： 什么是投资中的"长坡厚雪"？

密斯特舒： 沃伦自己并没有直接解释过什么是投资中的"长坡厚雪"，但是投资界有许多解读，我来概括一下主要观点。所谓"长坡"，指的是企业所处的行业发展空间巨大，企业发展离天花板还有很远的距离；"厚雪"则指的是企业的盈利能力够强。不知道这样理解对不对？

巴菲特：密斯特舒概括得挺到位。

孙　子：“长坡”不难理解，即使像我这样的外行也能想象得到，产业没有前景，那么企业再努力也难以取得辉煌的成就。

巴菲特：没错，只有产业前景足够广阔，企业才有成为伟大企业的可能性。

孙　子：有没有量化指标能对伟大企业进行衡量？怎样才算伟大企业？

巴菲特：在我看来，伟大企业的标准是企业至少可以保持其优势地位 25～30 年，有长期竞争力以及发展持久性。

孙　子：我不太了解企业的情况，保持优势地位 25～30 年的要求很高吗？

密斯特舒：我来做个背景补充。数据显示，美国中小企业的平均寿命为 8 年左右，欧美大企业的平均寿命为 40 年。但是这仅仅是企业存活的时长，而不是一个企业保持优势地位的时长。一个企业从初创到伟大还需要许多年的积累。

孙　子：这么看来，要达到沃伦的标准相当不容易。

巴菲特：的确很难。

孙　子：那么又怎么衡量一家企业是否足够伟大呢？

巴菲特：这就要看它是否具有足够的盈利能力了。

01　以优胜劣：择人而任势

孙　子：也就是"厚雪"？

巴菲特：没错。

孙　子：既然"长坡"有具体的衡量标准，"厚雪"是不是也有类似的衡量标准？

巴菲特：这个问题很难一概而论，如果非要我参照一个指标进行选股，我会选择净资产收益率（ROE）。"那些ROE能常年持续稳定在20%以上的企业都是好企业，ROE在20%以上的企业一般都是增速较快、发展潜力较大的企业。"

密斯特舒：孙先生可能对财务指标不是太熟悉，我稍作解释。ROE又称为"股权收益率"，是一种衡量企业经营效率的财务指标。它的计算公式是"净资产收益率＝净利润÷股东权益"。其中，净利润指的是企业的总收入在扣除所有成本、支出和企业所得税后所剩余的利润。股东权益是指所有资产减去所有负债后所剩余的部分，相当于企业的真实资产价值。ROE代表企业运用股东投入的资金能创造多少收益，反映企业利用自有资金赚钱的效率。理论上，ROE越高，表明企业为股东赚回来的钱越多。

芒　格：我插一句，"股票投资回报从长期来看接近企业的ROE。如果一家企业40年来的ROE是6%，那在长期持有该企业股票的40年后,你的年均收益率不会和6%有什么区别"。

密斯特舒:我想补充一下,除了ROE,沃伦和查理会考察许多财务指标,比如自由现金流的情况、毛利率的高低、保留下来的每一美元能否创造出至少一美元的市场价值等。但是沃伦和查理并不会单纯根据这些财务指标来挑选企业,它们仅仅是参考。一方面,财务指标并非总是准确的,比如,ROE也并非越高越好,如果企业不是通过增加净利润而是通过减少股东权益来提高ROE,那我们就要当心了,因为股东权益等于资产减去负债;如果企业负债增加,ROE也会提高,但负债过高,会让企业承担巨大的财务风险。另一方面,财务指标只是结果,它们是否可持续还要深究其来源。

孙　子:来源是什么?

密斯特舒:来源其实就是前面所说的产业发展趋势、商业模式、管理层等因素,相比于财务指标,沃伦对这些更为重视。

芒　格:密斯特舒挺了解他,"沃伦张口闭口老是说他的现金流折现,但我从没见他计算过半次"。(笑)

巴菲特:"有些事情是私底下做的,查理。"(笑)

孙　子:两位先生很幽默,可以转行说相声了。(笑)我想再问问,两位怎样理解商业模式?怎样判断它的好坏?

密斯特舒：商业模式是指企业通过什么方式来赚钱。比如，房地产公司通过卖房子赚钱，饮料公司通过卖饮料赚钱，快递公司通过收取快递费赚钱。每一种生意都有其特定的商业模式。

巴菲特：对于怎么判断商业模式的好坏，每个人都有自己的理解。通常，有护城河的商业模式往往很好——有护城河的企业可以在市场竞争中拥有定价权，而拥有定价权是企业提高利润率的关键。

孙　子：我知道护城河，是用来保护城楼的，但是我们应该怎样理解企业的护城河？

巴菲特：没错，这个概念正是从古代的城堡中借来的。我提倡经营企业也要像守城那样"先考虑挖一条深沟，以便将盗贼隔绝在城堡之外"。

孙　子：有意思，所以说，沃伦的工作重点是去寻找有护城河的企业？

巴菲特：是的，"对我来说，最重要的事情是弄清楚护城河有多宽。我喜欢的是一座大城堡周围有着非常宽阔的护城河，里边住着食人鱼和鳄鱼"。

孙　子：这个比喻很形象。您能不能讲讲具体的例子？哪些企业符合这样的标准？

巴菲特：事实上，我是在1993年致股东的信中首次提出了"护城河"这一概念，也在信中提到了一些具体的企业。"最近几年，可口可乐公司和吉列公司在全球的市场份额实际上还在增加。它们的品牌威力、产品特性及销售实力，赋予它们一种巨大的竞争优势，在它们的经济'城堡'周围形成了一条护城河。相比之下，一般的公司在没有这样的保护的情况下奋战。"

孙　子：你是想说，可口可乐公司和吉列公司是有护城河的，而且它们的护城河里有这么几条鳄鱼——品牌威力、产品特性及销售实力。是吗？

巴菲特：非常正确。另外，"特许经营权"也是一种非常威猛的鳄鱼。

孙　子：什么是"特许经营权"？

巴菲特：拥有特许经营权的产品或服务具有以下几个特点：第一，被用户需要和渴望；第二，无可替代；第三，没有管制。这样的产品可以让企业保持现有售价，甚至偶尔提高售价，企业也不用担心市场份额或销量减少，这种价格弹性是伟大企业的一个显著特点，往往能够给企业带来超出平均水平的资本回报。

孙　子：那么在沃伦眼里，哪些企业具有特许经营权？

巴菲特：苹果公司、可口可乐公司和美国运通就是拥有特许经营权的典型企业，我买了这几家企业很多股票。

孙　　子：希望有机会能详细了解沃伦的这几次投资操作。

巴菲特：后面找机会请密斯特舒做更详细的介绍。

密斯特舒：没问题。

任势，事半而功倍

故善战者，求之于势，不责于人，故能择人而任势。

巴菲特：一开场就听我说了许多，不知道先生能否从兵法角度谈谈对于"长坡厚雪"的看法？

孙　　子：十分乐意。在听沃伦介绍"长坡厚雪"时，我第一时间就想到了兵法中一个极为重要的概念——"势"。

巴菲特：什么是"势"？

孙　　子："势者，因利而制权也"。所谓"势"，就是按照有利于我方建立优势的原则，根据实际情况灵活地采取相应的措施。真正善战的将军总是从"势"中去追求胜利，而不苛求部下以苦战取胜。他总是能够恰当地选择人才并巧妙地任用"势"，"故善战者，求之于势，不责于人，故能择人而任势"。

巴菲特：听上去很有道理，但还是有些难懂，先生能否举例说明？

孙　子：我打个比方。善于任用"势"的人在指挥军队作战时，就像转动木头和石头一样。把木头和石头放在平地上，它们只会静止不动；把木头和石头放在高台上，它们就会向下滚动。善于指挥作战的人所造成的态势就像从千仞高山上滚下圆石一样，这便是兵法上的"势"。①

巴菲特：这么讲就好理解了。有没有可以佐证的实际战例呢？

孙　子：我的后辈——唐朝时期的著名将领李靖将我的理论进行了细化，提出了"因势""地势""气势"三种任势方法，每一种都有对应的精彩案例，请密斯特舒代为介绍。

密斯特舒：所谓"因势"，是指借助对手的力量，因势利导，顺势而为，借力打力。赤壁之战中，东吴主将周瑜要求诸葛亮在十天内造十万支箭，但诸葛亮没有真的去造箭，因为时间来不及。那怎么办呢？诸葛亮就跟敌人"借"箭。他利用曹操多疑的性格，在大雾中调了二十条草船诱敌，曹操果然中计不敢出击，而是命令士兵向草船射箭。一个晚上的时间，诸葛亮就"借"到了十万余支箭。

巴菲特：草船借箭，真是精彩。那么"地势"指什么呢？

---

① 《孙子兵法·兵势篇》有云："任势者，其战人也，如转木石。木石之性，安则静、危则动，方则止，圆则行。故善战人之势，如转圆石于千仞之山者，势也。"

密斯特舒："地势"就是借用地理位置的优势。中国历史上有许多著名的关隘，如潼关、函谷关、雁门关等，都是兵家必争之地。这些关隘易守难攻，有"一夫当关，万夫莫开"的优势。唐朝安史之乱中，哥舒翰一开始固守潼关，叛军无计可施。但是在朝中对立派杨国忠的进言之下，唐玄宗命令哥舒翰必须出战。哥舒翰不得已出兵，正中叛军下怀，导致潼关失守，整个战局也从此急转直下。

巴菲特："地势"果然重要。那么"气势"指什么呢？

密斯特舒："气势"便是要懂得鼓舞士气、借用士气。最著名的故事是曹刿论战，曹刿总结士气是"一鼓作气，再而衰，三而竭"。所以，作战时，要等敌人士气低落而我方士气高涨时出击。我们在后面还会详细讲到这个故事。①

巴菲特：先生的"任势"理论实在是精彩，懂得借势，自然事半功倍。不过我想问，如果没有"势"，又当怎么借"势"？

孙　子：没有"势"就得造"势"。

巴菲特：哦，怎么造势？

孙　子：其实我前面介绍的例子中已经暗含造"势"的方法。把木头和石头放在平地上，它们就是静止的，就没有

---

① 有关曹刿论战的内容详见本书第3章"以慢制快：以虞待不虞者胜"。

"势",但是如果把它们搬到山坡上,再往下滚动,它们就具备强大的势能,这就是造"势"。

巴菲特:有趣。在我们的投资工作中,能否将"长坡厚雪"理解为先生所说的"任势"?

孙　子:正是。找到足够长的坡相当于把木头和石头搬到高高的山坡上。沃伦讲的厚雪,不断增加护城河的宽度,以及在护城河中增加鳄鱼同样是蓄势或任势,只有势能足够,才能一泻而下,打败敌人。

巴菲特:先生的智慧超群,令我大受启发。

孙　子:彼此彼此,我还要跟两位先生请教更多投资之道。

巴菲特:先生客气,那我们继续。

挑选德才兼备的首席执行官

我们不仅买好企业的股票,而且希望它们拥有德才兼备、令人喜爱的管理层。

孙　子:沃伦的"长坡厚雪"让我一下子就记住了投资的核心,那么除此之外还有其他关键因素吗?

巴菲特:商业模式再好,如果运营不当,最终也会丧失竞争优势。所以如果说还有什么关键因素,那就是"人",具体来说就是企业的管理层，再缩小一点范围就是首席执行官。我们在投资中十分重视管理层。事实上，查理和我只做两项工作，其中一项就是吸引和留住杰出的经理人来管理不同类型的企业。"我们不仅买好企业的股票，而且希望它们拥有德才兼备、令人喜爱的管理层。"

孙　子：这不难理解，但是怎样衡量管理层的好坏呢？

巴菲特：我们考察首席执行官的标准有不少。首先，我喜欢首席执行官具有独立思考的特质。"对于管理层竞争力的一个衡量标准就是，他们能否独立思考，避免从众效应。"

孙　子：怎样理解从众效应？

巴菲特：从众效应就是你看到大家都这么干，所以你也跟着这么干。"有一种看不见的力量会使管理层陷入非理性行动，并置股东利益于不顾，这种力量就是惯性驱使。像旅鼠一样随大流。"①

孙　子：所以，独立思考这一特质是为了让管理层保持理性？

---

① 旅鼠是一种啮齿目仓鼠科小动物，常年居住在北极。它是世界上已知的所有动物中繁殖力最强的动物之一，这会导致族群的数量急剧增加，之后就会发生一种奇特的现象：所有的旅鼠开始变得焦躁不安，到处叫嚷，跑来跑去，并且停止进食。突然它们聚集在一起，盲目奔走，好像接到了统一的命令，开始向同一个方向出发，形成一支浩荡的迁移大军，一直走到海边，然后从悬崖上跳进大海。旅鼠效应与羊群效应一样，都是盲目从众的代名词。

巴菲特：没错，投资必须是理性的。如果你不能理解它，就不要做。

孙　子：除了独立和理性，沃伦对首席执行官还有什么考察标准？

巴菲特：我必须谈到诚信，这是我和查理都极为重视的一个标准，它甚至要高于前面所说的独立和理性。"我们在评估求职者时，会寻找具有三种特质的候选人：诚信、智慧、活力，三者兼具是一次极棒的招聘。如果候选人不具备第一种特质，只具备后两种特质，那么你的好日子就到头了。如果你得到了一个缺乏诚信的人，那就宁可他们既懒惰又愚蠢。"

孙　子：除了上面谈到的几个方面，你对首席执行官还有什么要求吗？

巴菲特：我喜欢对自己的事业充满热爱的首席执行官。因为只有真正热爱自己事业的人，才会在内心深处渴望将事业做到极致。

孙　子：你遇到过这样的例子吗？

巴菲特：遇到过，B太太就是这样的人！有家报纸刊载了一篇关于她在91岁时接受采访的报道。在报道中，B太太是这样形容自己的："我们每天下班回家后只是吃饭和睡觉，第二天天还没亮便急着要赶回店里上班。"她每周工作7天，她在一天内所做的决策可能比大部分的首席执行官一年内所做的决策还要多。

孙　子：90多岁还在坚持工作，B太太对事业的热爱程度让人吃惊。

密斯特舒：其实沃伦和查理也是这方面的表率，今年（2023年），沃伦93岁了，查理更是99岁高龄了，但是依然在工作。沃伦形容自己的工作状态是"跳着踢踏舞上班"，除了热爱，没有别的理由能够解释这一行为。

孙　子：我同意密斯特舒的看法，一个人可以凭借毅力坚持一时，却难以凭借毅力坚持一生。除了热爱，沃伦还有其他标准要补充吗？

巴菲特：其他的标准就比较具体了，比如，首席执行官得具备较强的资金配置能力。

孙　子：这怎么说？

巴菲特：我们并不反对旗下子公司将所赚取的利润全部保留，但前提是首席执行官可以有效利用这些资金，创造出更高的投资回报。对于我们持有少数股权的上市公司，如果他们同样可以很好地运用这些资金，为股东创造出更高的价值，我们何乐而不为呢？但是，这需要首席执行官具有很强的资金配置能力。

孙　子：怎样才算具有较强的资金配置能力？

巴菲特：很简单，我们测试的标准是"保留下来的每一美元能否为股东创造出至少一美元的市场价值"。

孙　子：这很明确，除此之外还有其他标准吗？

巴菲特：一位优秀的首席执行官还要懂得成本控制。在伯克希尔-哈撒韦公司及其子公司旗下的子公司，几乎每个首席执行官都是控制成本的高手。"根据我们的经验，一家高成本运行企业的经理人，永远能找到增加企业开支的理由。而一家低成本运行企业的经理人，也永远能找到为企业进一步节省开支的新方法——即使其支出已远低于竞争对手。"

孙　子：你能举个例子吗？

巴菲特：我讲个故事吧。我们在查理·海德（Charlie Heide）的办公室准备签约以完成对 National Indemnity 公司收购的当天，该公司的首席执行官杰克·林沃特（Jack Ringwalt）迟到了。他解释说，之所以迟到，是因为他要开车在附近绕来绕去，以便能找到一个计时器还未用完的车位。对我来说，那真是一个美妙的时刻，因为我知道杰克·林沃特就是我想找的那种经理人。

孙　子：这个人可真够节省的。

巴菲特：是的，这样的首席执行官是企业经营之宝。

孙　子：理性、诚信、对事业充满热爱，以及较强的资金配置能

01 以优胜劣:择人而任势

力和成本控制能力,这五大挑选首席执行官的标准,沃伦介绍得很详细。

巴菲特: 我还需要补充最重要的一条。其实我刚刚所说的五大标准都有一个核心的原则,那就是企业的首席执行官必须与股东利益保持一致。

孙　子: 听沃伦的意思,好像有很多首席执行官与股东的利益不一致?

巴菲特: 当然,这些年来,有太多的首席执行官行为不端、蒙混过关、业绩平庸,却拿着高额报酬。

孙　子: 这真是一个大问题。看来要符合沃伦对首席执行官的要求很难。沃伦遇到过符合要求的首席执行官吗?

巴菲特: 当然,美国大都会集团的汤姆·墨菲(Tom Murphy)就是这样一位首席执行官。在经营企业的时候,他只采取有道理而且符合股东利益的行动,从不为了满足自己的私利而乱来。

孙　子: 希望可以有机会了解汤姆·墨菲的故事。

密斯特舒: 他的故事很精彩,我稍后为先生详细介绍。

孙　子: 我很期待。我还想再问问沃伦,找到一位理想的首席执行官之后,你接下来会做什么呢?

巴菲特: 伯克希尔-哈撒韦公司一共有 70 个业务子公司、36 万名员工，但是总部一共只有 25 名员工，其中包括我的长期秘书。这 70 个业务子公司分布在美国各地且各自有一位首席执行官，这些首席执行官直接向我汇报工作。我对这 70 位首席执行官绝对放权，从不参与他们的管理，也从不去各个子公司实地考察。我的原则是：既然选择了这些经理人，就应该由他们做决策。我每年见一次他们，他们每个月只用定期向我做文字汇报。我本人去现场视察对企业发展也毫无帮助。

我曾经对我们的股东说过："我们对子公司采取完全放权的态度。伯克希尔-哈撒韦公司给这些子公司提供强大的资本后盾。只要有合适的项目，资金可以马上到位，这些子公司用不着看银行和华尔街的'脸色'。我们的首席执行官可以节省 20% 的时间，他们用不着会见分析师、出席各种会议，可以全身心地投入企业运营中。"

孙　子：也就是说沃伦在挑选人的时候非常严格，但是一旦选中了这个人，就坚持"用人不疑，疑人不用"的态度。

巴菲特：正是。

上下同欲者胜

将有智勇之能，则当任以责成功，不可从中御也。

巴菲特：我也想请教先生，从兵法角度如何看待用人之道？

孙　子：其实我一边听，一边暗自赞叹，原来投资用人之道与兵法用人之道竟也十分契合，它们之间彼此相通的地方真是太多了。

巴菲特：哦，愿闻其详。

孙　子：沃伦说投资就是投人，其实作战的关键也是人，其重中之重是找到好将军。"夫将者，国之辅也，辅周则国必强，辅隙则国必弱"。这句话的意思是，将帅是辅佐国君的人，他们的辅佐周密，国家必然强盛；若是多有疏漏，则国家必然衰弱。

巴菲特：有意思，将军就跟经营企业的首席执行官一样，那么挑选将军有何标准呢？

孙　子：在我看来，一位优秀的将军需要符合五个标准："智、信、仁、勇、严"。

巴菲特：怎么解释"智"？

孙　子："智"的解释并没有什么特别之处，也就是我们通常理解的明智。如果要进一步说明的话，我可以借用一个叫杜牧的后生所说的："盖智者，能机权、识变通也。"也就是说，智者应当多谋善断，懂得变通，这在兵法中可以说是关乎生死。因此，将军要根据不同的情况选择不同的战术，而不能顽固不化。

巴菲特：这似乎可以对应首席执行官挑选标准中的"理性",理性同样包含着变通的意思,如果情况变了,我们也要跟着改变。

孙　子：没错。

巴菲特：如何理解第二个关键词"信"?

孙　子：关于"信",杜牧解释得也很好。他说:"信者,使人不惑于刑赏也。"这就是说,为将者要赏罚分明,让士兵们不迷惑,这样才能够树立威望。所以战国时期有"徙木立信"的故事。

巴菲特：虽然我和查理说的诚信跟先生说的"信"有所区别,但二者并不矛盾。一个不诚实的人是无法树立威望的,无论是首席执行官还是将军。

孙　子：同意。

巴菲特：那么又怎么理解第三个关键词"仁"呢?

孙　子："仁"字历来有很多解释。我还是欣赏杜牧对"仁"的解释,他说:"仁者,爱人悯物、知勤劳也。"也就是说,一个仁者既要能够对别人有慈爱之心,又要爱惜物品,还要懂得勤劳,不怕吃苦。刚才沃伦讲到 B 太太的时候,我就在想,她很好地诠释了"仁"这个字,孜孜不倦,爱自己的企业如爱自己的亲生儿子一样。

01　以优胜劣：择人而任势

巴菲特：中文果然博大精深，以后我可以称她为"仁者 B 太太"了。那么该如何理解第四个关键词"勇"呢？

孙　子："勇者，决胜乘势，不逡巡也。"勇敢的人善于谋划作战，当机立断，勇往直前。

巴菲特：这可以对应首席执行官的企业经营能力，首席执行官只有努力开拓进取，才能使企业获取丰厚的利润。

孙　子：是的。

巴菲特：那么又如何理解最后一个关键词"严"呢？

孙　子："严者，以威刑肃三军也。"为将者在带兵打仗时必须有严明的纪律甚至刑法，这样队伍才有战斗力。当然这样做的前提是为将者要有威信。沃伦说喜欢严格控制成本的首席执行官，这就是指投资中的"严"。

巴菲特："智、信、仁、勇、严"，表达得清晰明了，中文真是一字千金。不知道先生心目中是否有符合这五个标准的将军的故事？

密斯特舒：我插一句嘴，其实孙先生本人就是十分典型的代表。

孙　子：密斯特舒过誉了。

巴菲特：我知道先生在全世界享有盛誉，但是不了解您具体的事迹，请密斯特舒介绍。

密斯特舒：早年，孙先生还没成名时，在好朋友伍子胥的推荐下得到了吴王阖闾的接见。孙先生向吴王呈上兵书13篇。吴王看了兵书之后，很是欣赏，但对兵书的实用性还有疑虑，就想请孙先生练兵小试，孙先生答应了。吴王又问，兵书所讲能在女人身上演练吗？孙先生说，没问题。

于是，吴王挑选了180名宫女交给孙先生操练，其中包括吴王最宠爱的两位妃子。第一次训练时，这些宫女根本没把孙先生放在眼里，一直嬉笑，把训练当作儿戏。在多次训诫无效的情况下，孙先生竟将吴王那两位最宠爱的妃子斩首示众了，连吴王求情都没能救下她们。这一招立马震慑了宫女们，宫女们从此对孙先生的训令无所不从。

吴王虽然因为失去爱妃而不高兴，但也更清楚地知道孙先生是带兵之才，于是任命他为将军。后来，吴国往西击败了强大的楚国，攻入郢都，往北威震齐、晋两国，名声显扬于各诸侯国之间，孙先生在其中发挥了很大的作用。

巴菲特：这真是一个精彩的故事。将纪律松散的宫女调教成一支纪律严明的军队，必须有"智"；三令五申地强调军纪是"信"；敢于斩杀吴王的爱妃体现了"勇"和"严"。只不过这个故事里似乎不能体现孙先生爱兵如子，甚至有点不符合人道主义？

密斯特舒：关于这一点，我替孙先生辩解几句。孙先生貌似对妃子不仁，其实是对军队的大仁，因为如果不对违犯军纪的士兵严加惩治，那么军纪将难以严明。一旦上了战场，军队就会被敌人打败，那才是大不仁。

巴菲特：密斯特舒的分析言之有理。其实投资也一样，同样需要纪律严明。对于触犯了法律底线的首席执行官，我也不会客气。

孙　子：莫非沃伦也有不得已"斩杀"首席执行官的经历？

巴菲特：的确有。那就是所罗门兄弟公司（简称所罗门）的掌门人约翰·古弗兰（John Gutfreund）。他本来是我信任的朋友，但在公司下属违规作弊时他却选择了隐瞒和包庇，我只得被迫将他辞退。[①]

孙　子：原来沃伦也有冷酷的一面。

巴菲特：这样的事情实在是迫不得已，我更愿意做的还是找到与股东利益一致的首席执行官，并放手把企业交给他们。

孙　子：其实兵法也是如此，在前线带兵打仗的将军一定要与君主保持一致，即所谓"上下同欲者胜"。

巴菲特：哦，该怎么理解这句话？

孙　子：沃伦说有些首席执行官的做法与股东利益相违背，其实在战争实践中，往往也会出现"上下不同欲"的情况，

---

① 巴菲特和所罗门的故事详见本书第 10 章"全胜思维：不战而屈人之兵"。

也就是君主跟臣子之间、将军跟士兵之间不是一条心的情况。这种情况很容易导致败局。

巴菲特：先生有没有实际例子能够做说明？

孙　子：实际例子有很多。比如，三国时期东吴士兵誓死抵抗曹操大军就是一个很好的例子。请密斯特舒来介绍一下。

密斯特舒：好的。东汉末年，曹操挟天子以令诸侯，势力越来越大，在平定北方之后挥师南下，直指东吴。面对曹操的胁迫，是抵抗还是投降，东吴群臣分成两派。颇有威望的张昭认为，曹操以天子的名义征讨四方占据了道义高地，而且已经占领荆州，东吴失去了可以抗拒曹操的长江天险，而且兵力明显寡不敌众，所以万全之策是迎接曹操，归顺朝廷，以避免江南生灵涂炭。张昭的投降论得到了不少文臣的附和。

孙权举棋不定，就以上厕所为由让自己冷静冷静。这时候忠厚老臣鲁肃追了上去，劝他说："全东吴的人都能投降曹操，但将军您不能！"这一句话让孙权直冒冷汗，他问道："为什么？"

鲁肃答："假如我投降曹操，曹操会把我送回乡里，凭借我的名位，还可能让我做个小官，让我坐着牛车，带着随从，与士大夫们交游。我还可能逐级升迁，甚至做个州郡的长官。但如果将军您投降曹操，又想要在哪里安身呢？

孙权叹气说："其他大臣的论调让我非常失望，你的分析正合我意。"

主张抗击曹操的还有周瑜，正是在他们的力挺之下，孙权回到议事厅，拔剑砍掉桌子的一角，向大臣们表了决心："以后谁再说投降曹操，就会跟这张桌子一样！"

公元 208 年，赤壁之战爆发，孙权、刘备的联军以少胜多，奠定了三足鼎立之势。

巴菲特：精彩的故事，君臣同心无比重要。我也要追问先生一个问题，找到好将军之后，君主又该怎么做呢？

孙　子："将能而君不御者胜"。

巴菲特：怎么理解？

孙　子：南宋的学者张预对这句话的解释很好，他说："将有智勇之能，则当任以责成功，不可从中御也。"故曰："阃外之事，将军裁之。"意思是说，将军既然有智有勇，君主就应当授权给他，让他去克敌制胜；君主不应当发号施令，所以对于城门外的事，将军可以自己决定。

巴菲特：这倒是跟我对待优秀的首席执行官的方式一样。

孙　子：正是。

> 密斯特舒赞叹

投资就是投人

大道至简,"择人而任势"五个字就概括了兵法和投资的精髓。关于"势",在后面的系列对话中几位先生还会再次谈到,笔者在此还想再补充几句关于"人"的感想。

《孙子兵法》的"知胜五道"之中,有三条是关于人的。"知可以战与不可以战者胜"是关于自知,"上下同欲者胜""将能而君不御者胜"则是关于选人、用人之道。人和则无往而不胜。可见,孙子对于人是多么看重,毕竟一切活动都离不开人。

为什么一位优秀的首席执行官或优秀的将领那么重要?因为他们很稀缺。为什么稀缺?因为人性有许多弱点。这是笔者在《财富是认知的变现》一书中希望解答的难题。人性和人的认知在进化过程中产生,它们发源得很早,在我们的原始先祖时期就已经基本定型,并延续千万年。它们帮助人类在残酷的自然竞争中存活了下来。然而随着生产力的快速迭代,人类的生存环境已经发生了巨大的改变。这就产生了一种错配——我们的认知远远落后于时代的需要。换句话说,我们在进化早期形成的种种认知能确保我们生存和繁衍,却无法让我们在现代环境中取得更为长久的成功与幸福。这样的认知缺陷很多,笔者概括了12种,包括过度自信、贪婪与嫉妒、急于求成、禀赋效应、锚定效应、损失厌恶、过度悲观、盲目从众、线性思维、故事思维、对称思维、德不配财,它们是我们获得投资成功的障碍。反过来,**如果想要投资成功,就必须破解我们本性中自带的这些缺陷,成为一个真正理性的人。**重阳投资创始人兼首席投资官裘国根先生一语中的:"投资是一场反人性的游戏。"

这样一来,我们也就不难理解,为什么无论是巴菲特、芒格还是孙子都如此看重人这一要素。从某种意义上说,投资就是投人。投人不仅要考察单个个体,而且要把个人置于关系之中去考察,因为一旦进入关系之中,本来理性的人很可能会变得不理性。所以,君将一心、董事会与首席执行官一心,同样极为重要。

投资故事
和战事

本章所附两个故事，一个是巴菲特最欣赏的首席执行官汤姆·墨菲的故事，另一个是大将李牧的故事。两个故事一正一反，充分说明了人的作用以及"上下同欲"的重要性。

故事一：汤姆·墨菲，巴菲特愿意嫁女儿的首席执行官

伯克希尔-哈撒韦公司的董事会是一个长寿老人的云集之地，除了99岁的芒格和93岁的巴菲特，还有96岁的汤姆·墨菲。不过由于身体不适，2022年2月14日，墨菲从董事会辞职了。

墨菲担任伯克希尔-哈撒韦公司董事会成员长达20年。巴菲特在声明中给予这位老搭档至高的评价："汤姆·墨菲在经营企业方面教给我的东西比其他任何人都多。50多年来，我们早已成为朋友和伙伴。我唯一的遗憾是，没有更早见到他。"

墨菲是美国大都会集团（简称"大都会"）以及美国广播公司（简称"ABC公司"）的首席执行官，是29年创造204倍收益的商业传奇人物。巴菲特由于投资了大都会而获取了丰厚的收益，在他的心目中，墨菲是最佳首席执行官的典范，甚至是自己的管理学导师。还有人评价说，墨菲是巴菲特身后除了芒格之外的另一个男人。

墨菲几乎满足了巴菲特对于一位杰出首席执行官的全部想象。1925年，墨菲出生于纽约的布鲁克林，毕业于哈佛大学商学院。1964年，墨菲被任命为大都会总裁，从此开启了大都会数十年的辉煌。

20世纪60年代末，巴菲特就与墨菲相识了，两个人都给对方留下了深刻的印象。1985年，墨菲与巴菲特走到了一起，他们准备收购ABC公司。双方谈判的时候，ABC公司带着代理成本高昂的投资银行家团队，而墨菲只带着他最为信赖的朋友——巴菲特。大都会和ABC公司的合并在美国电视网络历史上是第一次，也是当时最大的媒体合并案例。

大都会给ABC公司的出价是每股121美元（包括118美元现金，以及价值3美元的购买大都会10%股票的期权），这个价格是发表并购声明前一天ABC公司股票收盘价的两倍。

大都会贷款21亿美元，出售了9亿美元的资产，另外向巴菲特融资了5亿美元。巴菲特同意伯克希尔-哈撒韦公司认购大都会以每股 172.50 美元发售的新股（共 300 万股）。最终，大都会以 35 亿美元收购了 ABC 公司，并更名为大都会/ABC 公司。墨菲邀请巴菲特加入董事会，巴菲特同意了，但是却将投票权交给了墨菲。

无论是在业务拓展之"勇"，还是在经营纪律之"严"上，墨菲都展现出了非常优秀的才华。在执掌大都会的 30 年中，墨菲在广播和出版业进行了 30 余起收购。但他从不盲目扩张，他的扩张只聚焦于自己熟悉的媒体版图。同时，他虽然手握高达数十亿美元的可支配现金，但始终坚守着"拒付高价"的原则。《商业周刊》评价他说："墨菲有时会等待数年，直到合适的收购对象出现，他从来不会因为手中拥有资源而随意浪费这种资源。"如果没有合适的机会收购，墨菲会选择偿还债务或回购股票，从而改善企业经营状况，增加股东权益。

墨菲在控制成本上更是堪称一绝。墨菲早年前往纽约州奥尔巴尼市就职时，公司创始人史密斯让他把工作室的废弃修道院好好粉刷一遍，以便给广告客户留下一个更为专业的印象。墨菲就把朝向马路的两面墙粉刷了一遍，另外两面则保留原貌。在担任大都会/ABC 公司的首席执行官后，墨菲重新制定了工资、津贴和费用标准。在支付了高昂的遣散费之后，墨菲解雇了 1 500 名员工。ABC 公司供公司高层使用的餐厅和专用电梯也被关闭了。此外，墨菲首次访问公司时乘坐的豪华轿车也被折价处理了，他再去公司时，坐的是出租车。

墨菲在接受《福布斯》的一次访谈时清楚说明了他的经营之道，他的经营之道听起来简单到难以置信："我们只是抓住时机不断地买入资产，明智地进行杠杆收购，改善经营状况。然后，我们就能获得点别的什么东西。"

正是在这样的经营之道下，大都会为巴菲特和其他股东创造了丰厚的收益。巴菲特在1986年花费5亿美元购买的股票，到1990年底市值达到13.77亿美元，增值1.7倍，年均复合收益率为22%，这也成为巴菲特的经典投资案例之一。

事实上，在收购大都会时，大都会的价格并不便宜，这一收购看上去并不符合巴菲特往常对安全边际的要求。巴菲特为什么会这么做？答案就是有汤姆·墨菲。巴菲特承认，如果不是因为有墨菲，他不会投资大都会，墨菲就是巴菲特的安全边际。

巴菲特对墨菲的信任是全方位且几乎无保留的。巴菲特曾公开说："墨菲与丹·伯克（Dan Burke）[①]不仅是最优秀的管理层，也是那种你会想把自己的女儿嫁给他的人，跟他们一起合作实在是我的荣幸，也相当愉快。"

巴菲特和墨菲的合作可谓是真正的"将能而君不御者胜"。

[①] 丹·伯克是墨菲的搭档，也是大都会的一位高管。——编者注

故事二：李牧死，赵国亡

李牧与白起、王翦、廉颇并称为"战国四大名将"，李牧的生平事迹主要分为两个作战时期。

李牧的第一个作战时期是作为驻守赵国北部边境的主将，抵御匈奴。李牧驻守之地在代地，相当于现在的河北省西北部、山西省东北部。在这个时期，李牧获得了赵王的充分信任和授权，他有权根据需要管理官吏。防地内城市的租税都送入李牧的幕府，并作为军队的经费。他对待士兵十分优厚，每天宰杀几头牛犒赏士兵，教士兵练习射箭、骑马，小心看守烽火台，时刻注意侦察敌情。

李牧爱兵如子，驻守之地接连数年没有军事行动，而且他还定下规矩："匈奴如果入侵，要赶快收拢人马退入营垒固守，有胆敢出击的斩首。"在李牧严格的防守战略之下，赵国边境一直保持安定。但是，不管是赵国的官兵还是匈奴，都认为李牧胆小畏战。赵王也开始责备李牧，要求他出战，但是李牧拒不出击。赵王一怒之下，让别的将领代替了他。

此后，匈奴和赵军频繁交战，赵军屡次失利，伤亡惨重，赵国边境也遭到破坏，农民无法耕田，牧民无法放牧。赵王只好再请李牧出山。李牧闭门不出，称自己有病。赵王就一再极力请他领兵。李牧开了个条件："大王一定要用我，我还是像以前那样做，才敢奉命。"赵王只得答应他的要求。

01 以优胜劣：择人而任势

李牧回到边境，跟以前一样保持战略守势，匈奴好几年一无所获。赵国边境的官兵们每天都得到赏赐，却无用武之地，都憋着一股劲，盼望打一仗。李牧见军心可用，终于准备发起战略反击。他精选了战车一千三百辆，战马一万三千匹，敢于冲锋陷阵的勇士五万人，善射的士兵十万人，勤加演练。同时，他故意让代地的牧民四处放牧，引诱匈奴人。匈奴小股人马入侵时，李牧就假装失败，故意把几千人弃给匈奴。单于听到这种情况，开始率领大批人马入侵。李牧布下奇兵，张开左右两翼包抄反击，大败匈奴，杀死匈奴十多万人马。李牧一举灭了襜褴，打败了东胡，收降了林胡，单于落荒而逃。此后十多年，匈奴不敢接近赵国边境城镇。

李牧的第二个作战时期主要是抵抗秦国入侵。秦军在武遂打败赵军并杀死赵将扈辄，斩杀赵军十万人。李牧被任命为大将军，奉命出征，在宜安大败秦军，赶走秦将桓齮。李牧因此被封为武安君。又过了三年，秦军进攻番吾，李牧再次击败秦军。当时，赵国的另外一位名将廉颇已经离开赵国投靠魏国，可以说李牧是赵国赖以支撑危局的唯一良将。

公元前229年，秦国再派大将王翦进攻赵国，赵国则派李牧、司马尚抵御秦军。王翦深知只要李牧领军，秦国便很难占到便宜，于是实施了反间计。秦国贿赂赵王的宠臣郭开，让他造谣说李牧、司马尚要谋反。赵王听信谣言，派赵葱和颜聚接替李牧。李牧抗命不受，赵王便派人乘其不备捕杀了李牧。三个月之后，王翦猛攻赵国，大败赵军，杀死赵葱，俘虏了赵王迁和他的将军颜聚，赵国灭

037

亡。后世称"李牧死，赵国亡"，令人唏嘘。

李牧一生，为将之道并没有什么变化，而且始终忠于赵国，但前后两个作战时期的结局却迥异，这是为何？关键就在于李牧与赵王的关系发生了变化。抵御匈奴期间，李牧得到了赵王充分的信任和授权，所以得心应手。然而到了赵王迁即位，这种信任便不复存在。

所以说，李牧一生上半部分体现了"上下同欲者胜""将能而君不御者胜"，下半部则体现了"上下有隙者亡""将能而君御者亡"。同样是"将在外，君命有所不受"，在君王足够信任他时不是问题，但当君王不再信任他时却可能引来杀身之祸，最后酿成完败的悲剧。

02

以逆克顺:
避其锐气,击其惰归

选定了好企业，怎么才能买得便宜？

巴菲特： 在别人恐惧时我贪婪，在别人贪婪时我恐惧。

孙子： 避其锐气，击其惰归。

02 以逆克顺：避其锐气，击其惰归

在第 1 章中，巴菲特和芒格介绍了投资的首要之处在于选好企业，这家企业最好拥有"长坡厚雪"的特质。但找到一家"长坡厚雪"型的企业是不是就能确保投资成功了呢？答案是否定的。如果处理不当，"长坡厚雪"型企业也可能把投资者"带进沟里"。

为什么会出现这种情况？原因在于人人都爱"长坡厚雪"型企业，但过度追捧会导致它的股价虚高，产生价格泡沫。一家企业再好，如果买入的价格太高，就拉低了性价比，不仅很难赚到钱，而且一旦泡沫被刺破，往往还会赔钱。特别在 A 股市场这样一个波动性很大的市场，一旦股价从高位下跌，投资者很可能被深度套牢。玫瑰虽美，但也要记得玫瑰有刺，贸然采摘反而容易被扎伤。反过来，即使投资的是传统行业甚至夕阳行业的企业，如果价格足

够便宜，也可能获得阶段性的盈利，正所谓"野百合也有春天"。巴菲特一开始所采取的"捡烟蒂"策略类似于后者，但由于这种策略的获利空间有限，也容易掉进价值陷阱，所以他后来进行了改进，变为用合理的价格购买优秀的企业。换句话说，**最好的投资不仅要"买好的"，同时还要"买得好"**。"买得好"的关键在于价格合理甚至便宜，而怎样才能"买得好"呢？这就要动用逆向思维了。**逆向思维要求投资者在人声鼎沸时淡然处之，在万马齐喑中欢唱；在别人贪婪时恐惧，在别人恐惧时贪婪**。只有在市场萧条和别人恐惧时，才可能造就低价格，这时候对于投资者来说便是最佳的入场时机。当然这么做的前提是：你必须是一名基本面投资者，真正把你所购买的标的看成是可以用来欣赏的玫瑰或者巴菲特所说的汉堡包，而不是一个虚无缥缈的噱头。因为对于一个噱头来说，价格跌了就等于价值的消散；而对于一个汉堡包来说，价格跌了价值却不变，岂不是更值得拥有？

兵法上同样有逆向思维。如果在敌人士气最旺盛的时候和他硬碰硬，自然会打得很累，即使胜利了，也是"杀敌一千，自损八百"，这不是一种好的战术。士气有涨落，所谓"一而再，再而衰，三而竭"。最好的战术是让敌人先喧嚣鼓噪，自己先引而不发，等敌人疲倦懈怠时再发起进攻。这就是《孙子兵法》主张的**"朝气锐，昼气惰，暮气归。善用兵者，避其锐气，击其惰归"**。避开敌人顺利的时候，等他不顺的时候再行出击，以逆克顺。那么逆向思维具体如何操作？它起作用的背后机理是什么？我们来听听三位先生的精彩对谈。

恐惧是好朋友，乐观是大敌

只有那些打算近期卖出股票的人，才应该看到股价上涨而高兴，未来的潜在买家应该更喜欢股价的下跌才对。

孙　子：上回听沃伦和查理讨论了"投资就是投人"的话题，我获益匪浅。那么在学会看人之后，接下来的投资法门应当是什么呢？

巴菲特：我觉得是逆向思维，它太重要了。

孙　子：什么是逆向思维？

巴菲特：简单来说，就是在别人不喜欢或者害怕的时候买入股票，在别人太喜欢或者过度兴奋的时候卖出股票。也就是"在别人恐惧时我贪婪，在别人贪婪时我恐惧"。

孙　子：这听起来像中国古典智慧中的"人弃我取"，可是为什么要这么做呢？

巴菲特："如果想要有超额的报酬，一定要等到资本市场非常惨淡并且整个行业都普遍感到悲观时，那时投资的机会就出现了。"

孙　子：所以沃伦喜欢市场惨淡的时刻。

巴菲特：是的，"恐惧的氛围反而是投资者的好朋友"，因为"恐惧或者说悲观主义造成低价格"。但是，"从长远来看，股市消息将会变好。现在所有的坏消息将给投资者在此后未来 5 年、10 年甚至 20 年里创造机会"。

孙　子：相当于恐惧气氛给理性的投资者制造了一个"捡漏"的机会。

巴菲特：没错，所以说，"当人们对一些大环境事件的忧虑达到最高点的时候，事实上也就是我们做成交易的时候。恐惧是追赶潮流者的大敌，也是注重基本面的财经分析者的密友"。

孙　子：我听出来沃伦好像话里有话，你没有说恐惧是所有人的大敌，也没有说是所有人的密友，而是将恐惧称作"追赶潮流者的大敌"和"注重基本面的财经分析者的密友"，为何使用如此精准的定语？

巴菲特：先生敏锐，一下就抓住了要害。至于为什么，我想考考密斯特舒，请他来回答。

密斯特舒：我的理解是，投资者大致可以分为两类，一类是基本面投资者，另一类是趋势投资者，后者的方法是追逐趋势，在趋势向上的早期买入，在趋势向下的早期卖出，可以说他们是"追涨杀跌"的高手。

孙　子：对他们来说，在恐惧形成的早期就得卖出，所以恐惧是他们的大敌？

密斯特舒：正是这样。

孙　子：这听起来也很有道理，但有何不可？

密斯特舒：这种方法的要求极高，你必须能够准确判断每个趋势的方向，而且行动还得快。但是凭什么你就能判断对每次的趋势，而且还能够在趋势的早期就做出行动呢？万一判断反了，上涨只是假阳，下跌仅是假摔呢？的确，有少数人能够成功预判趋势，但是多数人难以做到。

巴菲特：密斯特舒答得不错，趋势投资显然也不适合我和查理这种"慢性子"的人，我们还是更愿意做一个基本面投资者，从长期角度来考虑问题。

孙　子：了解，但是怎么理解"恐惧是注重基本面的财经分析者的密友"？恐惧到底能够给基本面分析者带来哪些好处？

巴菲特：我以为起码有以下三个好处。

第一，它使我们可以用更低的价格买下整个公司。

第二，低迷的市场使我们的保险公司[①]可以更容易地在一个具有吸引力的价格上购买一些优秀企业的股票，包括我们已经持有部分股票的公司。

第三，一些优秀的企业，例如可口可乐公司，会持

---

① 伯克希尔-哈撒韦公司有大量保险业务。

续回购自己的股票，于是它们和我们都能以更便宜的价格买入股票。总之，伯克希尔 - 哈撒韦公司和它的长期持有者会从下跌的股市中获得好处，就像一个需要购买日常食品的消费者，从食品价格的下跌中获得的好处一样。

孙　　子：听明白了，不管沃伦以什么方式参与，恐惧带来的好处总之就是"便宜"二字。

巴菲特：是的。

孙　　子：你用食品而不是其他东西来比喻股票，这是不是同样为了凸显你作为基本面分析者的特质？

巴菲特：是的，事实上我还有个"汉堡包理论"，听起来更容易理解。

孙　　子：愿闻其详。

巴菲特：我在 1997 年的致股东的信中出过一个小测验："如果你计划终身吃汉堡包，自己又不生产牛肉，那么你希望牛肉的价格更高还是更低？同样，如果你时不时需要买车，自己又不是汽车生产商，你希望车的价格更高还是更低？"我也问问先生您的答案是什么？

孙　　子：那肯定是希望价格下跌。

巴菲特：没错，答案是显而易见的。现在，进入下一步的测验：

02 以逆克顺：避其锐气，击其惰归

"如果未来的 5 年，你预期成为一个'净储蓄者'，你希望股价在这段时间是高还是低？"

孙　子："净储蓄者"在这里是指更愿意买入而非卖出的投资者吗？

巴菲特：没错。

孙　子：那我想他们应该是希望股价低为好。

巴菲特：先生明智。"很多投资者在这个问题上犯了错。即便他们在未来的很多年都是股票的净买家，但股价上升的时候，他们会兴高采烈；股价下跌的时候，他们会垂头丧气。实际上，他们为即将购买的'汉堡包'的价格上涨而高兴。这种反应令人匪夷所思"。

孙　子：有趣的比喻。

巴菲特："只有那些打算近期卖出股票的人，才应该因为股价上涨而高兴，未来的潜在买家应该更喜欢股价的下跌才对。""所以，当你读到类似'投资者因股市大跌而亏损'的新闻头条时，应该感到高兴。你应该在心里将其重新编辑为：'撤资者因股市大跌而亏损，但投资者在获益'。"

孙　子：我还有一点不解，投资最终不是要卖出股票而获益吗？难道要一直持有？

巴菲特：这是个好问题，我和查理的确不喜欢卖出股票，希望能

够永久持有。至于原因是什么，它涉及另外一个关于价值投资的核心议题，希望我们单独找机会来探讨。[①]

孙　子：也好，我们留点悬念。现在我大概了解为什么沃伦喜欢市场的低迷期甚至是恐慌时刻了。有没有什么实际案例可以作为佐证呢？

密斯特舒：我来替沃伦介绍案例吧。沃伦有过许多次恐慌时刻抄底的经典操作。1963 年，美国运通遭遇了一场被称为"色拉油骗局"的危机，其股价也由 1963 年的 60 美元跌至 1964 年初的 35 美元。在市场和投资者普遍悲观，甚至担心美国运通就此倒闭的情况下，沃伦经过详尽的分析调研，于 1964 年重仓投入，最终获得丰厚回报。1973 年爆发经济危机时，沃伦抄底买入了华盛顿邮报公司，其股价后来翻了 40 倍。1987 年"黑色星期一"的时候，沃伦抄底买入了大量可口可乐公司的股票。2008 年全球爆发金融危机时，沃伦又大举买进了大量的银行股和金融股，当时他在《纽约时报》发表文章，旗帜鲜明地表示："Buy American.I am."（我正在买入美国）。2009 年美股价格反弹后，仅仅是对高盛集团和通用电气的投资，就让沃伦的收益翻了一番，他在半年内狂赚 100 亿美元。

---

① 有关价值投资核心议题的讨论，详见第 10 章"全胜思维：不战而屈人之兵"。

孙　　子：听起来每个案例都很精彩。

密斯特舒：后续我再详细向先生介绍相关故事。

孙　　子：我很期待。"别人恐惧时我贪婪"这句话我听明白了，那么"别人贪婪时我恐惧"又当如何理解呢？

巴菲特：其实我们反过来理解就对了，恐惧会带来好价格，但当大家都盲目乐观甚至变得贪婪时，就会不顾一切买进股票，股票价格往往会变得过高，投资者就很可能被高位套牢，所以说，"乐观主义才是理性投资者的大敌"。

孙　　子：有了前面的铺垫，这个道理就不难理解了。有什么相关的实践案例可以分享呢？

密斯特舒：沃伦和查理躲避互联网泡沫可以说是诠释"别人贪婪时我恐惧"的绝佳案例。1999年，美国互联网行业发展得如火如荼。互联网公司的股票是当时最热门的股票，只要公司名字里有个com，股价便能够一飞冲天。

但是沃伦和查理坚持不碰科技股，因此他们的投资收益远低于那些追逐科技股的投资者，为此他们遭受了极大的压力。《巴伦周刊》甚至写了一篇很著名的文章《沃伦，你怎么了》(What's wrong, Warren?) 来质疑沃伦。后来互联网泡沫破灭，股票价格指数从5 046点下跌至1 114点，跌幅近78%。之前志得意满的人纷纷破产，但是沃伦和查理却躲过了一劫。

孙　子：众人皆醉我独醒，难能可贵。

反过来想，总是反过来想

如果你肯定不会亏钱，你将来就会赚钱。

巴菲特：其实查理关于逆向思维有许多精彩的看法，先生也不妨一听。

孙　子：好啊，那么请查理也分享一下吧。

芒　格：先生客气，其实逆向思维就是"反过来想，总是反过来想"。在我看来，"生活和生意上的大多数成功来自你知道应该避免哪些事情：比如过早死亡、糟糕的婚姻等"。我很喜欢一句民间的谚语："我只想知道将来我会死在什么地方，这样我就永远不去那儿了。"

孙　子：这句谚语堪称绝妙。

密斯特舒：查理对逆向思维的运用非常娴熟，而且不仅局限于投资上。我来介绍他给哈佛大学毕业生做的一次演讲吧，那次演讲令人印象太深刻了。

孙　子：好啊！

密斯特舒：与许多毕业典礼上的演讲不同，查理没有教给同学们成功之道，相反他开出了几味会让人生走向失败的"药方"。这些药方包括：

- 为了改变心情或者感觉而使用化学物质。
- 嫉妒。
- 怨恨。
- 要反复无常，不要虔诚地做你正在做的事。
- 尽量别从其他人成功或失败的经验中广泛地吸取教训。这味药肯定能保证你们过上痛苦的生活，取得二流的成就。
- 当你们在人生的战场上遭遇第一次、第二次或者第三次严重的失败时，就请意志消沉，从此一蹶不振。

孙　子：哈哈，的确别出心裁。我想任何一位听过查理演讲的毕业生都会终生难忘。不过结合投资来讲，查理又是如何运用逆向思维的呢？

芒　格：简单来说，要研究企业如何做大做强，首先应该研究企业是如何衰败的；大部分人更关心如何在股市投资上取得成功，其实最需要关心的却是为什么在股市投资上大部分人都失败了。

巴菲特：我同意查理的观点，"我首先会关注任何投资失败的可能性。我的意思是，如果你肯定不会亏钱，你将来就会赚钱，这正是我们一直做得不错的一个原因"。

所以，我说过投资最重要的是三件事，"第一是尽量避免风险，保住本金；第二还是尽量避免风险，保住本金；第三是坚决牢记前两条"。

芒　格：我可能比沃伦更逆向一点，当沃伦想要投资一家企业时，我经常会提出各种质疑。例如这是一家好企业吗？就算它是一家好企业，但它的股价足够低吗？它的管理层是由合适的人担任的吗？如果股价低到可以购买的水平，那么它这么便宜正常吗？

巴菲特：确实如此，查理总是挑战我，所以有时候我称查理为"可恶的说'不'大师"。（笑）

孙　子：二位真是绝妙的组合。我还想追问一下，我记得沃伦说过，人都是喜欢从众的，那么你们是怎样让自己摆脱从众心理、选择逆向思维的呢？

巴菲特：这方面我的确有点心得，"我有一个内部得分牌。如果我做了某些其他人不喜欢但我自己感觉良好的事，我会很高兴。如果其他人称赞我做过的事，但我自己却不满意，我不会高兴的"。

孙　子：沃伦果然与众不同。

巴菲特：先生过奖了！

02 以逆克顺：避其锐气，击其惰归

以迂为直，以患为利

避开敌人士气最旺的时候，等待敌人疲倦、懈怠时再进攻。

巴菲特：不知先生听了我们的观点之后有什么想法？逆向思维与兵法之道是否有共通之处？

孙　子：当然有，逆向投资之法与兵法之道可谓异曲同工。

巴菲特：请先生不吝分享。

孙　子：在我看来，战争中最困难的地方就在于以迂回的方式实现更有效的进攻，即晚于敌人出发，却能先于敌人到达，把看似不利的条件变为有利的条件。① 用我的原话说就是"以迂为直，以患为利"。

巴菲特：这确实也符合逆向思维，不过听起来有些抽象，有没有什么案例能够说明一下？

孙　子：请密斯特舒介绍一下"围魏救赵"的故事。

密斯特舒：这个故事发生于战国时期，魏国派大将庞涓攻打赵国都城邯郸，赵国打不过魏国，就向齐国求救。齐国派出田忌为将，军师则是孙先生的后辈孙膑。田忌的想法是直

---

① 《孙子兵法·军争篇》有云："军争之难者，以迂为直，以患为利。故迂其途，而诱之以利，后人发，先人至，此知迂直之计者也。"

扑邯郸与庞涓决战。孙膑却说，现在魏国精兵倾国而出，如果我们直攻魏国，那么庞涓势必回师解救，这样一来邯郸之围定会自解；我们再于中途伏击庞涓，其军必败。田忌依计而行。果然，庞涓被命令回军护国，途经桂陵时遭到齐军伏击。魏军由于长途疲惫，溃不成军。庞涓勉强收拾残部，退回大梁，齐军大胜，赵国之围也解了。

巴菲特：精彩，孙膑绝对是个逆向思维的高手。

密斯特舒：我插一句，其实孙膑和庞涓是同学，孙膑被庞涓陷害而身体残疾，这次算是报了一箭之仇。但是他们的故事并没有结束，十多年后，孙膑又导演了一出"围魏救韩"的故事，不仅又一次用逆向思维救了韩国，还彻底击败了庞涓，导致庞涓自杀，孙膑得以报仇雪恨。

巴菲特：有机会得好好了解一下他们的故事。

密斯特舒：我在后面的案例中会详细介绍。

巴菲特：期待。

孙　子：孙膑的战术还可以用另外 8 个字来形容，那就是"避其锐气，击其惰归"。

巴菲特：这又该如何理解？

孙　子：作战的规律一般是这样：刚开始战斗时，士气旺盛，锐不可当；经过一段时间以后，由于力量的损耗，士气逐渐怠惰；到了后期，士气衰竭，将士思归。一旦掌握这个规律，我们就可以避开敌人士气最旺的时候，等待敌人疲倦懈怠时再进攻。这就是"朝气锐，昼气惰，暮气归。善用兵者，避其锐气，击其惰归，此治气者也"。

巴菲特：这不就和投资要避开群情激昂的价格高位，等价格下降了再买一个道理嘛！

孙　子：的确有很多相似之处。孙膑"围魏救赵"之所以能够成功，也是因为运用了这一点。庞涓在攻打邯郸时魏军士气正锐，但是当他撤退回师，士气自然就卸了一半，又经过长途跋涉，士气就更加低迷了，所以遇到齐国伏击必然会大败亏输。

巴菲特：先生的兵法实在精彩，学习了。

孙　子：过奖了，你的逆向思维也令我受教良多。

周期造就逆向

如果一件事情无法永远延续下去，它最后就会停下来。

巴菲特：我还想补充一点。与先生的交谈让我回想起了与老子的一场对话，我感觉老子所说的"反者道之动"的原理有助于我们深入理解逆向思维的妙用。

孙　子：老子是我的前辈，我想知道先生从他的话中得到了什么启示？

巴菲特：我从那次对话中了解到老子的哲学，他认为万事万物的发展都是辩证的，或者说是周期性的，每个事物都存在二元的对立面，同时它们又相互依存、相互转化，比如没有"有"就没有"无"，"有无"是相伴而生的；没有"难"就没有"易"，"难易"是相伴而成的；没有"长"就没有"短"，"长短"是相伴而显的；没有"高"就没有"下"，"高下"是相伴而和谐的；没有"前"就没有"后"，"前后"是相伴而形成顺序的。[①]

孙　子：的确如此，难易、长短、高下、前后之间都是变化且相辅相成的，但是这对投资有什么启示？

巴菲特：因为股市也不是单向发展的，股价不会永远上涨或永远下跌，而是由上涨和下跌的"二元两极"特征构成的。涨多了会跌，跌多了会涨，这就是周期。

孙　子：这不难理解，难道还有人认为股市会只涨不跌或者只跌不涨？

密斯特舒：我来回答这个问题。现实中确实有很多人的思维是线性的，体现在股市中就是"三根阳线改变信仰"或者"三根阴线改变信仰"，前者通常体现在牛市里，投资者相信股价会一直上涨；后者通常体现在熊市里，投资者相

[①]《道德经》第二章有云："有无相生，难易相成，长短相较，高下相倾，音声相和，前后相随。"

信股价还要下跌。

孙　　子：这显然是错了。

巴菲特：正是，所以我说："在有限的世界里，任何高成长的事物终将自我毁灭，若是成长的基础相对较小，则这一定律偶尔会被暂时打破，但是当基础膨胀到一定程度时，好戏就会结束，高成长终有一天会被自己所束缚。"查理，你说是吗？

芒　　格：没错。"人类对所有几何级数增长的过度追求，在一个有限的地球上，最终都以惨痛收场"。

孙　　子：这是说过度膨胀就会收缩，"大热必死"？

芒　　格：是的，反过来也是一样，过度收缩就会膨胀，低迷到极点就会反弹。

密斯特舒：我也分享一个故事吧。2022 年初，突然爆发的俄乌冲突成为冲击股市的第一只"黑天鹅"。为了探究战争对股市的影响，我打开了巴顿·比格斯（Barton Biggs）的《二战股市风云录》(*Wealth, War and Wisdom*)一书，大受启发。

第二次世界大战初期，希特勒利用闪电战频频得手，横扫西欧。40 万英法联军被逼到法国北部一个狭小地带，通过敦刻尔克大撤退才得以侥幸逃脱。但是英国人紧接着迎来的却是持续近一年的伦敦大轰炸。德军的斯图卡式轰炸机一边俯冲，一边发出独有的尖啸声，闻者丧胆。

空袭摧毁了伦敦人的家园，污水源源不断地流入泰晤士河，半数伦敦居民一到晚上就只能挤到地铁通道中过夜，里面阴冷潮湿，老鼠成群，臭气熏天。

这无疑是英国历史上最绝望的时刻。不可思议的是，就在斯图卡式轰炸机即将飞抵伦敦上空的1940年6月底，英国股市竟触底反弹了，并且随着不列颠空战的打响不断震荡走高，再也没有创新低。

这个故事对我触动很大，它再一次印证了股市是周期性的，而其背后是因为人的心理也具有周期性，绝望的冰点也正是希望孕育之时。

孙　子：精彩的故事，感谢密斯特舒的补充。

芒　格：这个故事让我想起我所喜爱的经济学家赫伯·斯坦因（Herb Stein）说过的一句同义反复的话："如果一件事情无法永远延续下去，它最后就会停下来。"

密斯特舒：所以逆向思维能够起作用的关键在于，股市是有周期的，股价有高有低，因此我们才能够在股价明显低于内在价值时买入，在股价明显高于内在价值时卖出。如果

02 以逆克顺：避其锐气，击其惰归

股市是线性的，一直上涨或下跌，那就谈不上逆向操作了。

孙　子：三位的补充很重要，我主张的"避其锐气，击其惰归"同样也是一种"反者道之动"，利用的正是士气涨落的周期变化加以逆向操作。

巴菲特：我记得老子说过，任何事物，要收敛，必定会先扩充；要衰弱，必定会先强盛；要废弃，必定会先兴举；要取走，必定会先给予。先生的"避其锐气，击其惰归"可以说与老子的学说一脉相承。[①]

孙　子：老子的学说的确对我有很大的影响。

> 密斯特舒赞叹

逆向思维说起来容易做起来难

听完三位先生的精彩对谈，我们了解了逆向思维的妙用。但是逆向思维说起来容易，做起来却极难。

---

① 《道德经》第三十六章有云："将欲歙之，必固张之。将欲弱之，必固强之。将欲废之，必固兴之。将欲取之，必固与之。是谓微明。"

第一，我们对事物发展的周期性认识不足。万物皆有周期，人有生老病死，月有阴晴圆缺，有强必有弱，有盛必有衰。中国古典哲学非常重视周期，老子说"反者道之动"，庄子说"方生方死，方死方生"，《周易》说"物极必反"，初九（萌芽状态）是"潜龙勿用"，上九（最高峰状态）就变成"亢龙有悔"。所有这些都是周期，短时间内周期可能隐藏，但是长时间内周期必将回归。

股市也不例外。股市的周期根植于人性深处，因为人性包含乐观与悲观的两端，而且乐观与悲观总是有向极端发展的倾向，乐观的极端是贪婪，悲观的极端是恐惧。它们推动了股市的过度上涨和过度下跌，从而造成周期的循环。

第二，我们容易忽视周期是由我们的基因进化机制所决定的。在人类先祖时期，生存环境恶劣，个体一旦因与族群意见不一而被逐出群体，就意味着面临巨大的生存危机。所以进化赋予了我们盲目从众的特性。另外我们的大脑中还天生带有线性思维的误区，这是因为我们先祖的活动范围非常狭窄，他们是在本地化（步行所能到达的距离）和线性化（缺乏变化）的环境中生存的。[①]

所以，周期为逆向思维提供了用武之地，但是人的本能却让我们忘记周期而总是喜欢随波逐流。**投资成功的前提是成为人性勇敢的逆行者。**

---

① 详细论述可参考《财富是认知的变现》第 8 章和第 9 章。

投资故事
和战事

本章文末附上一则重阳投资的逆向投资实践和两个故事。第一个故事的主人公是约翰·邓普顿（John Templeton），他的逆向操作故事极为精彩，与巴菲特相比有过之而无不及。而在兵法的运用上，我们来看看孙膑如何两次打败庞涓的故事，理解这些故事和实践可以更好地帮助我们掌握逆向思维的妙用。

重阳投资实践：三次经典逆向操作

笔者所在的重阳投资是国内逆向投资的实践者。自笔者2014年加入重阳投资以来，亲历了公司数次典型的逆向操作。

第一次发生在2014年下半年至2015年上半年，在场外配资的推动下，一场杠杆牛市哄然而至，上证指数累计上涨152%，深证成指累计上涨146%，创业板涨幅最高，达到177%。在火热的氛围中，新老投资者蜂拥入场。从2014年11月开始，单月新开股票账户数突破百万，此后连续数月呈现百万户的增长，2015年5月和6月的新开股票账户数更是突破千万，连僧人都走出山门，走向营业部开户炒股。随之而来的是股市估值泡沫越来越大，创业板的估值竟然高达140倍。重阳投资决策委员会经过研判，认为这种非理性的狂热难以持续，于是逐步提高了对冲产品的套期保值比例，并主动关闭了产品的申购渠道。这种逆市场而行的做法一开始承受了净值下跌的压力，但在2015年6月股灾发生后实现了逆势上扬，重阳投资全年取得了良好的正收益。

第二次是在2018年，在中美贸易摩擦与国内经济去杠杆的内外夹击下，A股从2018年初跌至2018年末，上证综指累计跌幅达到24.59%，是历史第二差表现，"熊冠全球"。当年市场上充斥着像流浪、恐慌、民营经济离场论这样的主题词。但是就在2018年末悲观绝望之际，重阳投资认为"反者道之动"，市场低迷情况不会持续，市场或将呈现"大发散"的结构性特征，且结构性发散行情存在超预期可能，媒体将其通俗提炼为"从明年起，做一个积极的投资人"。随后的2019年和2020年果然迎来一波结构性牛市行情。

第三次是在2022年，股市在俄乌冲突、新冠疫情、美联储超预期加息及房地产深度调控等多重压力下，指数数次探底，市场弥漫着"这次过不去了"的极度悲观情绪。2022年四季度初，悲观情绪仍未缓解，但是我们认为"没有一个冬天不可跨越"，多个方面的情况将发生好转，A股及港股市场可能已经构筑了未来2～3年的中期底部。虽然市场短期可能仍有波折，但新一轮中级行情正在酝酿，市场可能迎来估值预期与盈利共同扩张的"戴维斯双击"[①]。在这样的研判下，我们大幅加仓，从而把握住了岁末年初的反弹行情。

三次逆向操作很好地证明了逆向思维的妙用。

故事一：约翰·邓普顿的"世纪赌注"

在特立独行这一点上，约翰·邓普顿比巴菲特和芒格更具有代表性。

邓普顿出生于1912年，比巴菲特还年长18岁，《福布斯》曾称他为"全球投资之父"及"历史上最成功的基金经理之一"。邓普顿所创设的成长基金成立于1954年，在38年的时间里，该基金的年均收益率达到了14.5%，这是相当惊人的业绩，意味着一开始投入的10万美元最终会增至1 700多万美元。2006年，他被《纽约时报》评选为"20世纪全球十大顶尖基金经理人"。英国女王曾授予他爵士爵位，所以他也被称为"邓普顿爵士"。2008年，邓普顿爵士以96岁高龄辞世。

[①] 指在低市盈率买入股票，待成长潜力显现后，以高市盈率卖出的投资策略。——编者注

邓普顿爵士有句名言至今在投资者中广为流传:"行情总是在绝望中诞生,在半信半疑中成长,在乐观主义弥漫时成熟,在人人陶醉中结束。"

邓普顿的逆向思维堪称是全方位的。他的生活方式就与众不同。记者威廉·格林(William Green)偶然窥见了他特有的运动方式:他穿着长袖衬衫站在海水里,戴着一顶滑稽可笑的帽子,还戴着面罩和耳罩,脸上涂满了厚厚的防晒霜。海水没到他的脖子,他来回摆动胳膊和腿,在水的阻力下艰难地前行。邓普顿不喜欢高尔夫球或者别的大众喜闻乐见的运动,而是每天坚持在海水里逆行45分钟。

20世纪60年代,邓普顿就从纽约移民到巴哈马生活,为此他放弃了美国护照,成为一名英国公民。为什么要远离纽约?邓普顿为的就是寻求某种疏离感,他说,搬到巴哈马之后,他的投资业绩有所改善。刚搬到那里的时候,他订阅的《华尔街日报》常常会延迟几天送达,对于一个长期投资者来说,这反而起到了意想不到的作用。

在投资中,邓普顿更是把逆向思维的风格发挥到了极致。邓普顿的青年时期正值美国大萧条,他曾亲眼看见身陷经济危机的田纳西州的农民被迫以接近零美元的价格出售土地,从此他铭记了一个道理:"你必须在别人拼命想卖出时买入"。

02 以逆克顺：避其锐气，击其惰归

第二次世界大战爆发后，多数人认为应当卖出资产避险，邓普顿的看法却不同，他认为美国最终将不得不参战，而在战争期间，可能有 90% 的美国企业会面临更多的需求和更少的竞争，即使是最弱小的企业也可能随着战时支出的激增而变得兴盛，进而重振经济和促进就业。

邓普顿打开了《华尔街日报》，找出了大萧条期间损失惨重的 104 家美国公司，当时它们的股价不到 1 美元。几天后，他打电话给一位股票经纪人，让该经纪人为每家公司投资 100 美元。经纪人答复他说："这是一个非常不寻常的指令，但我们遵照执行了，只是淘汰了 37 家濒临破产的公司。"邓普顿说："不，不要淘汰那些公司。它们可能会重整旗鼓。"

邓普顿非常确信自己的判断，甚至说服他的前老板借给他 1 万美元进行投资。密苏里太平洋铁路公司就是其中一个成功案例。它曾经是世界上最大的铁路公司之一，但在大萧条时期濒临破产，股价从每股 100 美元跌至每股 12 美分左右。邓普顿重金买入了密苏里太平洋铁路公司的股票。他的判断是正确的，铁路行业在战争期间很快兴盛起来，该公司的股价也从每股 12 美分反弹到了每股 5 美元。

持有这些股票并不容易，因为在战争初期，德国在欧洲、日本在太平洋所向披靡，绝大多数投资者对未来不抱有希望。1942 年 4 月，道琼斯指数跌至 92 点，这是一代人记忆中的最低点。

但是邓普顿没有动摇，他说即使在最糟糕的时刻，他也从没有沮丧或绝望过。1942 年的中途岛海战成为太平洋战争的转折点，随着美军开始赢得战场的胜利，美股开始反弹，邓普顿在持有 5 年之后卖掉了这些股票，在这 104 只股票中，有 100 只盈利，总获利是投资额的 5 倍。

1999 年，已经 80 多岁高龄的邓普顿爵士再一次亮出了他的逆向投资利剑。我们知道那年是美国互联网泡沫"登峰造极"的一年，巴菲特在这一年由于拒绝与泡沫共舞而灰头土脸。邓普顿比巴菲特更有勇气，他选择了 84 只估值过高的互联网股票进行做空，这些股票的价格自首次公开募股以来均上涨了两倍。按照法律规定，公司首次公开募股后，会有一段禁售期，通常为 6 个月。在这段时间里，员工不能出售股票。邓普顿推断，禁售期后，这些内部人士会争先恐后地第一时间抛售股票，因为他们急于在市场的兴奋情绪消退之前套现。这种内部人一哄而上的抛售会导致股价暴跌。

邓普顿为每只股票投入了 220 万美元进行卖空，总计约为 1.85 亿美元。2000 年 3 月，当互联网泡沫破灭时，他在短短几个月内就获得了 9 000 多万美元的收益。

"作为一名投资者，最重要的是不能盲目跟风。"邓普顿说。1939 年和 1999 年，在巨大的恐慌与泡沫中，邓普顿两次精彩演绎了"世纪赌注"，让人深刻领会什么叫"别人恐惧时我贪婪，别人贪婪时我恐惧"。

故事二：孙膑两次用"逆向思维"打败庞涓

孙子去世后一百多年，他的后人中又出了一个杰出军事家——孙膑。相传他与庞涓是同门，一起在传奇人物鬼谷子门下学习兵法。

从师门毕业后，庞涓和孙膑先后到了魏国，庞涓自知才华不如孙膑，便蓄意诬陷孙膑，动用刑罚剜去了孙膑的膝盖骨，让他无法行走，而且在他的脸上刺字涂墨，让他无法见人。后来，孙膑幸运地得到齐国的一位使者的营救，逃到了齐国。大将田忌非常欣赏孙膑的军事才能，便纳他为门客，并以贵宾礼节待他。

田忌经常和齐国的公子们赛马，设重金赌注。孙膑仔细研究了参赛的马匹，发现马的脚力都相差不远，但可分出上、中、下三等，于是孙膑非常有把握地对田忌说："下次赛马时，您只管大胆下最大的赌注去和他们赌，我一定让您获胜。"田忌对孙膑深信不疑，同齐王和其他的公子们押千金赌马。等到比赛开始时，孙膑向田忌面授机宜："用您的下等马去对付他们的上等马，用您的上等马去对付他们的中等马，用您的中等马去对付他们的下等马。"待三场赛完，田忌的马赢了两场输了一场，最后赢得了齐王的千金重赏。这就是著名的"田忌赛马"的故事，其本质也是运用逆向思维。

不久，魏国入侵赵国，赵国危在旦夕，向齐国求救。齐威王派田忌为将，而拜孙膑为军师。按照田忌的意图，本来是想率兵迅速赶往赵国的都城，以解邯郸之围，可是孙膑告诉他："如果要解开杂乱打结的绳索，不能乱扯乱砸；劝架的人，千万不可帮着去打架，而要避实击虚，使对方的势力受阻而有所顾忌，自然就会主动解围。现在魏国出兵攻打赵国，他的精锐部队势必都开赴前线，只剩一些老弱残兵留守国内。您何不趁此空隙，带兵直捣大梁，占据他们的交通要道，袭击他们守备空虚的地方，那么他们在外的大军，必然会放下赵国赶回相救。这样一来，我们就可轻而易举地解救赵国之围，又以逸待劳挫败魏军的嚣张气焰。"田忌听从了孙膑的计谋。魏军听闻大梁被围后，果然解除了对邯郸的包围，急忙调兵回大梁解围。在桂陵，魏军跟齐军发生遭遇战，结果，齐军把魏军打得落花流水。这是庞涓和孙膑的第一次交锋，孙膑让老同学初次尝到了苦头，但是好戏还在后面。

十三年后，魏、赵联军攻打韩国，韩国向齐国借兵求援。齐王仍以田忌为将，孙膑为军师，让他们去救韩国。孙膑和田忌沿用上次围魏救赵的方法，率军直接向魏国的都城大梁进发。庞涓得知消息后赶紧抛下韩国，班师回魏救大梁。这时候，齐国的部队已发兵向西边的魏国挺进。孙膑对田忌说："三晋的战士，一向强悍勇敢而轻视齐兵，称齐军是胆小鬼，我们不如将计就计，让形势变得对自己有利。"

孙膑使用了一招诱敌深入之计：进入魏境的齐军第一天造了够十万人吃饭的炉灶，第二天将炉灶数减为只够五万人，第三天减为只够三万人。庞涓跟在齐军后面追了三天，看到齐军营灶日益减少，非常高兴，料定是齐军畏战而逃。他抛下步兵辎重，只带精锐部队昼夜兼程,拼命追赶。孙膑估算好了他的行程,算定他在天黑时会赶到马陵。马陵沟深林密,道路曲折,很适宜设兵埋伏。他命令士兵选一棵大树,剥去树皮,在白色的树身上写下"庞涓死于此树之下"几个大字,又下令军中善于射箭的一万名士兵夹道埋伏。庞涓果然在当夜赶到那棵大树下,抬头看见光滑的树身上有字,就点火照看,字还没读完,齐军已万弩齐发,魏军大乱。庞涓自知计穷兵败,无法逃脱,于是拔剑自刎,临死时愤愤地说:"这下成就了这小子的声名!"齐军乘胜追击,全灭魏军,并俘虏魏太子申而班师回朝。孙膑不仅报了与庞涓的大仇,而且名扬天下。[1]

"围魏救赵""围魏救韩"与"田忌赛马"一样,都是逆向思维的精彩运用。

---

[1] "围魏救韩"的故事详见《史记·孙子吴起列传第五》。

03

以慢制快：
以虞待不虞者胜

如何等到好的标的?

巴菲特:
你需要的不是大量的行动,而是大量的耐心。

孙子:
以治待乱,以静待哗。

03　以慢制快：以虞待不虞者胜

逆向思维既可以表现为"人弃我取"，也可以表现在节奏上。关于节奏，有一句名言叫"天下武功，唯快不破"，其实也不尽然。高手对决，盲目出招的一方可能先露出破绽而被击败。

《孙子兵法》对节奏很有讲究，所谓"以治待乱，以静待哗""以近待远，以佚待劳，以饱待饥"，前者是"治心"，后者是"治力"，归根到底是个定力问题。**如果能够等到敌人饥寒交迫，心性大乱，而自己供给充裕，气定神闲，不用打就已经分出了胜败。**所以先让自己处于舒服的位置尤为重要，这就是"先处战地而待敌者佚，后处战地而趋敌者劳"。

金融市场是世界的一面镜子，宏观经济、企业财报、企业家的言谈、技术变革、地缘政治冲突、突发性自然灾害、疫情甚至天气变化都会影响金融市场的运行。金融市场也充满叫卖和交易。所以说它是一个信息过载的热岛。

金融市场也是人性的放大器，其中充斥着人性的贪婪与恐惧，是一片容易让人迷失的热带丛林。

老子在《道德经》中说："五色令人目盲，五音令人耳聋。"意思是颜色太多了会让人眼花缭乱，声音太多反而让人听不真切。金融市场的这些特点时刻刺激着参与者犯错误。非专业投资者和一些专业投资者很容易犯动作过快的错误，总是闻风而动，不经验证就大举买入，却不料买在了高点。

巴菲特和芒格的办法是尽量远离喧闹的环境，同时永远保持耐心。芒格将之概括为"坐等投资法"。等待什么？等待一个好的买入契机。这个契机可能来自价格的超跌，可能来自行业竞争格局的改善，也可能来自一个好的管理者的出现。回到《孙子兵法》的哲学，就是"以虞待不虞者胜"，以有准备之师攻击无准备之敌的，就能获得最终的胜利。

无论是作战还是投资，真正占首位的是谋略而不是速度，所谓"谋定而后动"。有机会才动，没机会绝对不动。机会来时应当快速行动，机会未到时不妨学习乌龟，主动放慢节奏，静待时机。如果在投资界举办"龟兔赛跑"活动，"乌龟"胜出的概率恐怕很大。

03 以慢制快：以虞待不虞者胜

真正的投资好手都很有耐心。打个时间差，有时候会产生意想不到的效果。请看三位先生的快与慢之辩。

治心

你需要的不是大量的行动，而是大量的耐心。

巴菲特：上回对话我对孙先生"避其锐气，击其惰归"的观点印象深刻，这是先生说的"治气者也"。我没记错的话，后面紧接着还有三句："以治待乱，以静待哗，此治心者也。以近待远，以佚待劳，以饱待饥，此治力者也。无邀正正之旗，勿击堂堂之陈，此治变者也。"今天能否请先生接着讲讲何谓治心，何谓治力，又何谓治变？

孙子：没问题。我先笼统地解释一下，这几句话是说，用治理严整的我军对付混乱的敌军，用沉着冷静的我军对付军心躁动的敌军，这是掌握军队心理变化的一般法则。用就近进入战场的我军对付长途跋涉的敌军，用休整良好的我军对付疲劳的敌军，用饱食的我军对付饥饿的敌军，这是掌握军队战斗力的一般法则。不要去拦截军容严整、部署严密的敌人，也不要去攻击阵势堂堂、实力强大的敌人，这是掌握应变策略的一般法则。

巴菲特：请先生详解。

孙　子：那我们就先讲讲"以治待乱，以静待哗"好了。

什么是"乱"，什么又是"哗"呢？晚唐的陈皞注解得好，他说"政令不一，赏罚不明"是"乱"，"旌旗错乱，行伍轻嚣"是"乱"。如果敌人出现了这样的情况，而我方整肃有序，安静有定力，那么就可以进攻对方了。

巴菲特：有什么具体案例可以说明？

孙　子：不妨请密斯特舒介绍一下唐太宗李世民击败窦建德的战例。

密斯特舒：隋末唐初，天下大乱，群雄割据，窦建德是群雄之一。在李世民攻打王世充时，窦建德率军救援王世充，与李世民对阵。他在汜水东岸列阵，延绵数里，气势汹汹。李世民带着几个将领登高俯瞰，对诸将说："贼兵越过险要地带而喧闹不止，这说明敌军没有严格的号令；逼近我们城堡前才布列营阵，这说明他们有轻视我军的心理。我们先按兵不动，不和他交战，等待他们士气衰落之时。他们列阵久了士兵饥饿，必将自行退走，等他们后退时我们再出兵追击，哪有不胜之理！"

从早上到中午，窦建德的士兵一直在列阵，兵士又累又饿，开始坐在地上，随后又开始抢水喝。李世民看到此景后，下令说："可以出击了！"一战生擒窦建德。

巴菲特： 好一个"以治待乱，以静待哗"。

孙　子： 这一条中其实讲了两个条件，一是敌人陷入混乱，二是自己保持冷静，归根到底都与心气的浮动有关。谁能够心不乱，谁就能够等到好时机。这非常考验将领的定力，所以叫"治心"。中国历史上还有几个人在这方面做到了极致，密斯特舒不妨给沃伦和查理介绍下。

密斯特舒： 我来介绍西汉时期的名将周亚夫吧。他治军非常严厉，甚至皇帝来考察都被他的士兵挡在细柳营外，这也成为流传千古的佳话。

　　周亚夫在军事上最重要的功绩是平定了"七国之乱"。他一方面让梁国牵制叛军的兵力，另一方面派兵切断吴、楚叛军后方的粮道，吴国军队缺少粮食，士兵饥饿，屡次挑战，而汉军就是不出。一天晚上，营中不知何故突然发生哗乱，嘈杂声就在周亚夫帐篷跟前，但周亚夫始终躺在床上不动。一会儿，混乱自然就平息了。几天后，叛军大举进攻军营的东南方，声势浩大，但周亚夫却让部下到西北方去防御。果然在西北方遇到的才是叛军主力的进攻，由于早有准备，所以很快击退了叛军。叛军因为缺粮，最后只好撤退，周亚夫趁机派精兵追击，一举击溃了叛军。

巴菲特： 周亚夫真是拥有一颗"大心脏"，让人印象深刻。这对我们做投资很有启发，因为投资也讲"治心"。

孙　　子：哦，怎么说？

巴菲特：现代金融系统变化迅速，机会和诱惑极多："在华尔街，每五分钟就互相叫价一次，人们在你的鼻子底下买进卖出，想做到不为所动是很难的。"

但是如果盲目乱动，你很可能掉进陷阱当中。所以投资非常考验耐心。"你需要的不是大量的行动，而是大量的耐心。你必须坚持原则，等到机会来临，就用力去抓住它们。"

孙　　子：所以你们也喜欢清静。

巴菲特：我和查理都很喜欢清静，所以我们把办公室放在了老家的奥马哈小镇，而不是华尔街，在我看来，"任何刺激你瞎折腾的环境，都要远离。华尔街无疑就是这样的环境"。查理，你有什么要补充的？

芒　　格："我们花很多时间思考。我的日程安排并不满，我们坐下来不停地思考。从某种意义上说，我们更像学者而不是生意人。我总是习惯坐下来静静地思考几个小时。我不介意在很长的时间里没有任何事情发生。"

孙　　子：两位的确是"治心"的高手。

巴菲特：被我们打岔了，请先生继续分享兵法之道。

治力

以近待远，以佚待劳，以饱待饥。

孙　子：接下来就是治力了，所谓"以近待远，以佚待劳，以饱待饥，此治力者也"。

巴菲特：这几句话从字面上不难理解，请先生结合战例来做解释如何？

孙　子：没问题，先说"以近待远"，密斯特舒可以介绍吴汉伐公孙述的例子。

密斯特舒：吴汉是东汉开国名将，公元 36 年 12 月，吴汉率领三万军队，从夷陵沿长江逆流而上，入蜀讨伐公孙述。临行前，汉光武帝刘秀告诫吴汉："成都有十余万大军，不可掉以轻心，应坚守广都，等待公孙述出兵来攻；如果公孙述不敢来攻，你可推进营垒逼近他，待敌疲惫时，方能发动进攻。"

但吴汉不听，贸然进兵，遭遇惨败。后来，吴汉与刘尚合兵一处，采用光武帝的策略，改善士兵伙食，增加马匹粮草，坚守营寨不战。等到公孙述一方军力疲劳时，再全力出击，于是大破公孙述的军队，最终攻克了成都。

巴菲特：如何理解"以佚待劳"呢？

密斯特舒：我以陈庆之攻陷涡阳的例子来说明。南北朝时期，梁军准备攻打北魏境内的涡阳，魏国征南将军元昭率领十五万兵马援救涡阳。梁朝的将领陈庆之准备迎战，可是大将韦放却提出反对意见，认为敌人的前锋必是精锐部队，一旦交战很可能失败，因此挫伤士气。

陈庆之却坚持自己的意见："魏军远来，必然疲倦，离我军那么远，就不会警惕我们，我军趁他们的大军还没有聚集的时候，出其不意地进攻，一定会得胜。我已探听明白，魏军扎营的地方树木稠密，他们夜里肯定不会出来，这些都是我军袭击敌军的有利条件，千万不可错过战机，你们假若再犹豫，我就自己率军出战。"韦放和其他几位将领担心失败，不愿与陈庆之一道出战。陈庆之独自率领麾下部队两百余名骑兵，当夜奔袭魏军前锋，获得胜利。接着梁军连营而进，占据了涡阳城。

巴菲特：为什么陈庆之主动出击可以得胜，吴汉主动出击却导致失败？

孙　子：这是个好问题，在作战中一定要明白谁是攻方，谁是守方；谁远谁近，谁佚谁劳。

巴菲特：怎么分辨？

孙　子："先处战地而待敌者佚，后处战地而趋敌者劳"。也就是说，凡是先到战场等待敌人的，就从容主动，相反后到达战场的只能仓促应战，一定会疲劳被动。回到沃伦的问题，在陈庆之的战例中，梁军先处于有利位置，敌人远道而来，此时梁军早已养精蓄锐，而对方疲乏，那就应当果断出击。但是在吴汉的例子中，吴汉率兵远道而来，是疲惫之师，而对方早已做好准备，所以应该先等一等，让自己的军队沉静下来，保存实力，把自己从劳变成佚，而让对方发起攻击，消耗他们的实力，从佚变成劳，然后再出击。

巴菲特：动静之间，都是玄机，妙极了。那么怎样理解"以饱待饥"呢？

密斯特舒：所谓"兵马未动，粮草先行"，作战中后勤粮草极为重要，所以很多战争中都有一招，切断对方的粮食供应，或者抢占对方的粮草为我所有，以实现"以饱待饥"。比如东汉末年的官渡之战，兵力处于劣势的曹操，以轻骑兵袭击袁绍的粮队，烧毁粮车，致使袁绍军心涣散，从而大败袁绍。前面我们介绍过的李世民生擒窦建德的案例也是如此。

巴菲特：这条不难理解。再请先生继续介绍"无邀正正之旗，勿击堂堂之陈，此治变者也"。

孙　子：治变，也就是要善于变化，这非常重要，也比较复杂，值得我们再约时间单独谈一次。①

巴菲特：也好。

孙　子：今天我已经讲了不少，不知对你有没有启发？

巴菲特：非常有启发。

孙　子：愿听其详。

等一个好时机

以虞待不虞者胜。

巴菲特：投资其实无非是两项工作，第一项是自己做好准备，第二项是耐心等待时机。

孙　子：请你展开讲讲如何做这两项工作。

巴菲特：关于第一项工作我们前面已经分析过，就不多讲了。我着重讲讲第二项耐心等待时机吧。投资非常重要的一点就是等待。

孙　子：怎么讲？

巴菲特：我给先生举个打棒球的例子。"我把金融投资称为'世界

---

① 关于治变的讨论，三位先生将在第 7 章 "以变克僵：兵无常势，水无常形"中详细论述。

上最美妙的行业'，因为你不用每一球都挥棒。你只要站在本垒旁边，观察对面的投手向你扔来的一个个球，也就是不同股票的股价，比如说通用汽车 47 美元、美国钢铁 39 美元……而且，没有裁判会判你出局，唯一的惩罚不过是丧失机会而已。你可以花一天的时间来等待最合心意的那个球，然后趁捕手打盹的时候，挥动球棒，一举击中。"

孙　子：这个比喻很清晰，有真实的投资案例吗？

密斯特舒：我来帮沃伦介绍案例。1987 年 8 月到 10 月，美股暴跌 36%，其中 10 月 19 日这一天跌幅达 22.6%，由于跌得太快，沃伦也没有抓住时机，他在 1987 年度致股东的信中坦承："1987 年 10 月，确实有几只股票跌到了让我们感兴趣的价位，不过还没有买到对组合具有影响意义的数量，它们就大幅反弹了。"

不过，沃伦并不为错失这次调整感到懊丧，他请投资者放心，"市场先生将来一定会提供投资机会，而且一旦机会来临，我们十分愿意也有能力好好把握住机会"。

暴跌后的第二年（1988 年），机会来了，沃伦开始大量买入可口可乐公司的股票，到 1989 年，两年内共计买入可口可乐公司价值 10 亿美元的股票，1994 年继续增持后总投资达到 13 亿美元。1997 年底，沃伦持有的可口可乐公司的股票市值上涨到 133 亿美元，已是 10 年前的 10 倍多。

孙　子：沃伦的确非常有耐心。

巴菲特：谢谢。我的主张是"当没有合适的事情可做时，就什么也不做"。如果我们不能在自己有信心的范围内找到需要的，我们就不会扩大范围，我们只会等待。查理，你怎么看？

芒　格：是的，我们采用的是坐等投资法。"我们的投资原则是等待好球的出现。"

孙　子："坐等投资法"听起来很像中国历史上的"姜太公钓鱼，愿者上钩"。但是我想追问一下，从坐等到出击，行为改变的标准是什么？或者说你们具体在等待什么呢？

巴菲特：好问题，总的来说是等待一个好的时机。

孙　子：这个时机的标志是什么？

巴菲特：标志可能是价格超跌了，可能是行业的竞争格局改善了，也可能是出现了一个好的管理者。

孙　子：能否举例说明？

巴菲特：先说说价格吧。请密斯特舒介绍一下盖可保险公司的案例吧。

密斯特舒：盖可保险公司在 20 世纪 60 年代是一家非常优秀的保险公司，但到了 20 世纪 70 年代，由于美国深陷滞胀以及公司自身的经营不善，其股价从 1972 年最高的每股 61 美元跌到了 1976 年的 2 美元，公司摇摇欲坠。但在这个时候，沃伦却悄悄地、持续地买进盖可保险公司的股票，以每股 3.17 美元的均价投资了 410 万美元。为什么这么做呢？因为他觉得盖可保险公司仍然价值连城，即便净资产为负，公司仍然拥有保险经营特许权，未来肯定能赚钱。果不其然，1980—1992 年，盖可保险公司的市值从 2.96 亿美元增长到 46 亿美元。沃伦自然大赚一笔。

孙　子：这真是捡到了大便宜。如何理解"等待行业的竞争格局改善"呢？有什么好案例吗？

巴菲特：在这方面，可以举美国航空公司的例子。

密斯特舒：沃伦早在 1989 年的时候就购买过航空股，当年 7 月，沃伦以 3.58 亿美元买入美国航空公司年利率 9.25%、10 年强制赎回的可转换优先股，转换价格为 60 美元。不料 1990—1994 年，美国航空公司累计亏损 24 亿美元，股东权益几乎耗尽。1993 年，美国航空公司宣布停止发放特别股股息。1994 年底，沃伦将这笔投资的账面金额调整为 8 950 万美元，账面损失为 75%。1995 年，沃伦试图以 50% 的票面价值出售这笔投资，但没人愿意买。1996 年,沃伦希望美国航空公司回购这笔可转换优先股,也没有成功。直到 8 年后,沃伦才收回这笔投资。1997 年,美国航空公司支付了积欠的每年 9.25% 的特别股股息,以及延迟支付的赔偿金,股价也从 4 美元涨到了 73 美元。1998 年,沃伦卖掉了美国航空公司的股票,大赚了一笔。

虽然最终赚钱了,但沃伦认为这是自己所犯的最大的错误之一。1998 年,在佛罗里达大学商学院的演讲中,沃伦坦承,自己买美国航空公司就是因为它便宜,并不认为它是好生意。这笔生意赚了钱,也只是因为运气好。

孙　子:为什么说航空股不是个好生意?

密斯特舒:为什么说航空股在当时是个烂生意呢?主要是竞争格局不好。1979 年,美国放开航空管制,大量新的航空公司成立,航空业陷入无可救药的价格战。沃伦投资美国航空公司的时候,它的平均客英里成本高达 12 美分,后来西南航空公司杀了出来,成本只有 8 美分。而 1980—2010 年,美国航空业在这 30 年中有 15 年是亏损的。经历了这次教训后,沃伦将航空股比喻为"价值毁灭者"。

巴菲特:密斯特舒介绍得很详细,的确是这样,后来当我再想买航空股的时候,我会打一个 800 的热线电话来阻止自己,"我是沃伦,我又想买航空股了"。

孙　　子：先生真是幽默,这招有效吗?

巴菲特：不是很有效,因为我后来还是没忍住又买了。

孙　　子：哈哈,有趣。

巴菲特：故事还没结束。密斯特舒请继续。

密斯特舒：2016年,沃伦又大举买入四大航空公司。如果说第一次买航空股时沃伦图的是便宜,这次买入的原因则是竞争格局的改善。

2008年,美国金融危机爆发后航空需求锐减,叠加油价上涨,大批航空公司破产,航空业掀起并购重组浪潮。阿罗哈航空公司破产,天空巴士航空公司倒闭,达美航空公司收购西北航空公司,美国联合航空公司与大陆航空公司合并,美国航空公司和全美航空公司合并。1997年,美国有104家航空公司,到了2014年,只剩下52家。2016年,四大航空公司的市场占有率已经达到了75%。航空业从混战走向垄断,而垄断带来了超额利润。2010年以来,美国航空股进入了10年涨10倍的黄金时代,并大幅跑赢标普500指数。以2010年12月31日为基数,截至2019年12月31日,达美航空公司、联合航空公司、西南航空公司对标普500指数的超额收益率分别为167%、72%、120%。

这也为沃伦带来了不菲的收益。

孙　子：听明白了，此一时彼一时，虽然都是航空公司，但竞争格局却大相径庭。

巴菲特：的确是这样。

孙　子：那么如何理解"等待一个好的管理者"呢？

巴菲特：这方面可以请密斯特舒介绍一下我最新的针对财产及意外事故再保险公司阿勒格尼的收购案例。

密斯特舒：2022年3月21日，伯克希尔－哈撒韦公司表示将以116亿美元现金收购阿勒格尼保险公司。这件事情很有戏剧性，沃伦自己介绍说，2022年2月25日，他收到一封内容不多的电子邮件，随后迅速决定做这次收购。沃伦在过去的60年里一直在关注阿勒格尼保险公司，但是如果没有这封邮件他也不会决定收购。

写这封信的人是谁呢？他就是阿勒格尼保险公司现任首席执行官约瑟夫·布兰登（Joseph Brandon），他与沃伦关系密切，2001—2008年任伯克希尔－哈撒韦公司旗下通用再保险公司的首席执行官，甚至一度被外界看作沃伦最可能的接班人之一。2008年，其他4名通用再保险的高管在一系列旨在人为夸大收益和股价的虚假交易中被定罪。虽然没有证据显示约瑟夫·布兰登有直接参与犯罪的证据，但他被检察官认定为未被起诉的同谋者，只好引咎辞职。他于 2011 年加入阿勒格尼保险公司，在 10 年后的 2021 年 12 月开始任该公司的首席执行官。

阿勒格尼保险公司的业务模式与伯克希尔 - 哈撒韦公司很像，该公司被称为"小伯克希尔 - 哈撒韦"，所以沃伦一直非常熟悉这家公司，等到自己十分了解而且信任的老朋友约瑟夫·布兰登接任首席执行官，沃伦认为投资的时机到了。

孙　子：一等就等了 60 年，你的确像一个非常有耐心的将军。

巴菲特：让先生见笑了，的确，我们就是喜欢等到确定的机会再去行动。

孙　子：听完你的介绍，我感觉我们今天所讨论的如果用一句话概括，那就是我的兵法中所讲知胜五道的第四道——"以虞待不虞者胜"。

巴菲特：怎么说？

孙　子：以有准备之师攻击无准备之敌的，能够获得最终的胜利。

巴菲特：这句话真是要言不烦，一语中的。

> 密斯特舒赞叹

散步的梅西更可怕

2022年末的卡塔尔世界杯，梅西终于在他的第五次世界杯之旅中加冕"球王"。那时的他35岁，早已过了体能的巅峰期，球场上不太能见到他年轻时招牌式的连续过人，他甚至跑动都很少，时常在球场上"散步"。但是慢下来的梅西依然具有惊人的杀伤力，在那届世界杯上一共攻入7球。当足球来到他的脚下，原本慢悠悠"散步"的梅西会像鳄鱼一样突然启动，停、扣、射，足球应声落网，动作干净利落。除了进球，梅西还奉献了3个精妙绝伦的助攻，他的大脑就像一台超级扫描仪，清晰扫描球场的每一个角落，并将足球不差分毫地输送到队友脚下。年轻时步伐更敏捷的梅西没有夺冠，速度慢下来的梅西反而拥有了更强大的球场统治力，他如同一名骁勇善战的士兵成长为一位胸有成竹的将军。梅西的确是慢了，但慢并不一定是劣势，因为他懂得了以慢制快，更懂得掌握节奏了。

卡塔尔世界杯的梅西像极了美国最顶尖的棒球手泰德·威廉姆斯。他是过去70年来唯一一个单个赛季打出400次安打的运动员，被称为"史上最伟大击球手""打击之神"。

棒球运动员分为两种。第一种是见球就打，追求的是全垒打，这种打法对运动员的身体素质要求极高，有的球员甚至不惜在比赛中使用违禁药物。第二种是只打最佳球，不追求全垒打，只求每击必胜。排名前十的美国棒球运动员基本都是第二种，泰德又是其中最杰出的代表。

泰德的大脑也是一台超级扫描仪，他会把自己面前的击球区分成77块，每块只有一个棒球大小。然后他根据击球概率给格子打分。只有当球落在他的最佳"格子"（甜蜜区）中时，他才会挥棒。即使可能三振出局，他也坚持这个做法，因为挥棒去打那些"最差"的格子会大大降低他的成功率。

泰德的名言是："要成为一个优秀的击球手，你必须等待一个好球。如果我总是去击打甜蜜区（最佳位置）以外的球，那我根本不可能入选棒球名人堂。"

巴菲特非常推崇泰德，他甚至把泰德打球的画像挂在办公室。巴菲特的投资方法遵循的正是类似的方法。越是观察巴菲特的投资操作，越会发现他就像一个老练的猎人，拥有超人的耐心和毅力，在猎物没有出现之前始终静静地等待，而猎物一旦出现就果断出击，一击而中。**有时候以慢制快也同样是一种制胜法宝，慢就是快。**

投资故事和战事

为了更好地理解什么是以慢制快,我们来了解一个十分精彩的故事——巴菲特买入苹果公司,然后再来重温一下曹刿论战的故事。

故事一:巴菲特慢摘"苹果"

苹果公司是巴菲特的最爱。

2022年8月,伯克希尔-哈撒韦公司对苹果公司的持仓市值超过1 200亿美元,投资组合占比达到40.76%,而第二大持仓美国银行占其组合的比重只有10.48%。苹果公司也热切地回报了巴菲特,为他贡献了1 000多亿美元的投资收益。在单只股票上赚取1 000多亿美元,这也创造了投资史上的一个奇迹。

我们知道巴菲特很少购买科技股,为什么会对苹果公司情有独钟呢？据巴菲特自己透露，起初是他的一位副手先买入了 1 000 万股，而后巴菲特才追加的。

苹果公司是巴菲特的新欢而不是旧爱。在乔布斯时期，苹果公司以其炫目的创新能力成为全球科技界最璀璨的明星。但我们看到巴菲特迟迟没有投资苹果公司，直到 2013 年芒格还说过，全世界都羡慕苹果公司的成就，但也没有比苹果公司更不符合伯克希尔－哈撒韦公司想投资的企业标准的。他说："我们真的非常讨厌必须创造出全新的、创新的科技，还需要一个接一个不间断。在这一点上我们完全做不到像苹果公司这样，所以也不会去试图买入苹果公司。"

没想到 3 年后的 2016 年，巴菲特开始大举买入苹果公司的股标。他买入苹果公司的理由有以下几个。

第一，苹果公司虽然具有很强的科技属性，但它的产品在一定程度上属于消费品。有意思的是，在道琼斯行业分类中，苹果公司被归入消费品板块和电子设备行业。在全球行业分类标准（GICS）中，苹果公司也是可选消费中的电子消费品类。所以巴菲特投资苹果公司更多的可能是看中其消费股属性。

第二，巴菲特运用菲利普·费舍（Phillip Fisher）的"闲聊投资法"，发现苹果公司的用户黏性极强。巴菲特带曾孙们去吃冰激凌，发现他们每个人都拿着一部手机，年轻人的生活几乎全部围绕苹果手机进行，一旦苹果公司推出新品，这些年轻人都会毫不犹豫地更换。苹果公司拥有数以亿计有购买力的用户，他们可以用手机来交易、学习或是做其他的事情，这俨然成了他们的生活习惯。

第三，巴菲特非常欣赏苹果公司现任首席执行官蒂姆·库克，甚至不惜称赞他是"伟大的管理者"。巴菲特曾在2021年的年度信函中表示："苹果公司首席执行官蒂姆·库克将苹果产品的用户视为他的初恋，他的管理风格也让很多人受益。"

库克执掌苹果公司之后大力推动股票派息和回购。2020—2022年，这家科技巨头每年派息约140亿美元。苹果公司从2012年3月开始支付季度股息并回购股票。根据标普全球市场财智公司提供的数据，从2012年3月一直到2021年夏天，苹果公司在股票回购上花费了超过4 670亿美元。回购可以减少公司在市场上的股票数量，从而提振收益和股价。这是巴菲特非常喜欢的一类投资标的。

苹果公司还是一只不折不扣的"现金奶牛"。截至2022年第一季度，苹果公司拥有约2 026亿美元的现金储备，远高于谷歌的1 692亿美元和微软的1 324亿美元。充裕的现金是苹果公司可以实施大规模回购和现金分红的基础。

所以，如果说乔布斯时期的苹果公司是一家科技成长型企业，那么库克接管之后的苹果公司则进一步转型为了一家蓝筹股[①]企业。

[①] 市场常将那些业绩较好，具有稳定且较高的现金股利支付能力的公司的股票称为"蓝筹股"。——编者注

03 以慢制快：以虞待不虞者胜

第四，估值是巴菲特必然会考虑的重点。在巴菲特最早介入苹果公司时，苹果公司的估值仅为12倍左右，相对于标普500指数的预期市盈率18倍，以及标普科技股指数的18.6倍，苹果的估值都相当低。

但是，上述这几个原因还不足以解释为什么巴菲特在2016年开始大举买入苹果公司的股票。这个时间点的选择充满了投资的艺术性。表面上看，2016年并不是什么好的时机。从行业角度，当时恰逢智能手机市场增长速度放缓，到达行业天花板，行业开始进入下行的节点。而从苹果公司本身来看，此时乔布斯已经去世5年，苹果公司被外界认为"创意枯竭"，2016年第二季度财报显示，苹果公司业绩13年来首次下滑，营业收入下降13%，净利润下滑22%。2016年全年，苹果公司年营业收入为2 170亿美元，比前一年下滑9%。

但是巴菲特看到的东西不一样，2016年初，全球高端智能手机市场上，苹果公司份额为62.3%，三星为22.1%。虽然创新不足，但是苹果公司的市场优势却在不断扩大。这说明通过多年的技术领先，苹果公司已经实现了可持续的垄断性领导力，它的护城河已经坚不可摧。这正是巴菲特最欣赏的商业模式，使用本书第1章的概念来讲，苹果公司已经构筑了深厚的"势能"，而盈利的暂时下滑恰好提供了一个很好的买入时机。

于是巴菲特重拳出击了，时间差的选择成就了一次经典的"以慢制快"的投资操作。

故事二：曹刿论战与后发制人

春秋时期，齐国和鲁国是邻国，邻国向来多纷争。在一场齐国王位争夺战中，鲁国进行了干预。为了扶持齐国的公子纠继位，鲁国与齐国打了一仗，这一仗名为"乾时之战"，以鲁国大败而告终。齐国大夫鲍叔牙率兵挺进鲁国，逼迫鲁庄公杀了公子纠，还不得不把治国大才管仲交还给齐国。

大概一年之后，大位初定的齐桓公再度集结兵马，准备伐鲁。鲁庄公准备迎战，谋士曹刿跟随。

当时鲁国刚刚遭遇过失败，而齐军则是兵强马壮，军队庞大，两者实力有明显差距。齐国大军集结于鲁国边境，鲁军这次汲取了教训，学会了避其锋芒，主动退到了长勺。长勺的地形两侧是山，中间地势平坦，适合战车冲锋。

到了交战那一天，鲁庄公和曹刿同坐一辆战车。鲁庄公一上来就要下令击鼓进军，曹刿说："现在不行。"等到齐军三次击鼓之后，曹刿说："可以击鼓进军了。"鲁庄公听从意见，击鼓进军，齐军大败。齐军败退后，鲁庄公又要下令立即追击齐军。曹刿说："还不行。"说完他下了战车，察看齐军车轮碾出的痕迹，又登上战车，扶着车前横木远望齐军的队形，这才说："可以追击了。"鲁军这才追击齐军，并最终大获全胜。

03 以慢制快：以虞待不虞者胜

鲁庄公问曹刿打胜仗的原因。曹刿回答说："作战，靠的是士气。第一次击鼓能够振奋士兵们的士气。第二次击鼓士兵们的士气就开始低落了，第三次击鼓士兵们的士气就耗尽了。他们的士气已经消耗殆尽，而我军的士气正旺盛，所以才战胜了他们。像齐国这样的大国，他们的情况是难以推测的，我怕他们在撤退的路上设置伏兵。后来我看到他们车轮的痕迹混乱了，他们的旗帜倒下了，所以才下令追击他们。"

这就是著名的"曹刿论战"，它的精髓正在于以慢制快。第一步，敌人汹涌而来，先不急着应战，而是后退一步，主动撤到长勺。这可以起到三个效果，一是让敌人在行军中疲弱，二是以佯败让敌人产生骄傲轻敌之心，三是先占据有利地形，"先处战地而待敌者佚，后处战地而趋敌者劳"。第二步，在临阵时不与敌人在其士气最饱满的时候对阵，而是避其锋芒，等对方三鼓而泄，自己则一鼓作气。

04

以少胜多:
一战而定

分散投资,
还是集中投资?

巴菲特:
你一生中真正所投的生意数量,6个已经绰绰有余了。

孙子:
数胜而亡,少即是多。

逆向思维可以体现在节奏的快慢上,还可以体现在数量的选择上。老子说"少则得,多则惑",**追求的东西越少越容易有所收获,追求太多反而会让自己迷惑,最后可能一无所得**。这与孙子说的"数胜而亡"是一个道理,老打胜仗的国家最后反而灭亡了。为什么会这样呢?因为打仗不是儿童玩的沙盘游戏,打仗比的是武器装备,车马辎重,粮食供应,说到底打的是钱,而且极为费钱。

打仗不光很费钱,如果战争久拖不决,国家就会疲弱,一旦国家疲弱,其他敌人就会乘虚而入,导致腹背受敌。

再退一步讲,即使战争一开始很顺利,数战数胜,也不见得是好事,因为胜利会助长国君的骄傲情绪,产生战无不胜的错觉,于是必定发起更多的战争，引来更多的敌人，最终被战火反噬。第二次世界大战时的希特勒如此，我国古代的宋康王、齐湣王以及吴王夫差都是如此。这就是"数胜而亡"的道理，所以孙子说"不尽知用兵之害者，则不能尽知用兵之利也"，必须充分了解用兵的弊端，非必要不开打，而且知道适可而止，才能让战争为我所用。

投资与此类似。许多人觉得买的品种越多越好，似乎投资越分散越安全，所谓"不要把鸡蛋放在一个篮子里"。其实不然，巴菲特欣赏马克·吐温的做法——"把鸡蛋放在一个篮子里，然后看好这个篮子"。实践中他也确实是这么做的，有人做过统计，1977—2015年的38年间，巴菲特投资过的股票一共仅76只，平均每年2只。至于为什么这么做，巴菲特和芒格有很俏皮的回答："如果你拥有40位妻妾，你一定没有办法对每一个女人都认识透彻。"

当然，面对资本市场无时不在、无处不在的诱惑，要做到不乱出手并不容易。为此巴菲特和芒格给自己的出手做了许多限制条件，可归纳为"六不投"原则，包括：股价估值过高时不投；管理层不好的不投；增长迅速，需要大量资金投入但是又挣不到钱的公司不投；判断不理性时不投；不熟悉的不投；太难理解的不投。这"六不投"原则成就了巴菲特和芒格的"柳下惠风格"，坐怀而不乱，少即是多。

打仗很贵

不尽知用兵之害者，则不能尽知用兵之利也。

密斯特舒：上回三位先生讨论的以慢制快、以静制动，让我产生了延伸思考，"慢"和"静"是否必然导致出手的动作没那么频繁？反过来说，如果频繁出手，一个人必然很难保持"慢"和"静"，不知道我的理解是否正确？

孙　子：密斯特舒说的没错。我向来主张少打而不是多打，所谓"非利不动，非得不用，非危不战"。

巴菲特：怎么理解？

孙　子：这句话的意思是说，无利可图就不要采取军事行动，没有必胜的把握就不要轻易用兵，不处在危急紧迫之时就不要轻易开战。总之就是不到万不得已，不要轻启战端。

巴菲特：这么做的理由是什么呢？

孙　子：因为打仗很费钱。

巴菲特：怎么说？

孙　子：我还真算过一笔账，沃伦知道如果我们要举十万之师需要多少钱吗？

巴菲特：还真不清楚。

孙　子："凡用兵之法，驰车千驷，革车千乘，带甲十万，千里馈粮。则内外之费，宾客之用，胶漆之材，车甲之奉，日费千金，然后十万之师举矣。"

密斯特舒：我来解释一下，这句话是说要兴兵作战，物资准备需要轻车千辆，重车千辆，全副武装的士兵十万名，还要向千里之外运送粮食。那么前后方的开支，招待使节、策士的用度，用于武器维修的胶漆等材料费用，保养战车、甲胄的支出等，每天要消耗千两黄金。按照这样的标准准备之后，十万大军才可出发上战场。

巴菲特：确实相当昂贵！

孙　子：没错。所以我认为"其用战也胜，久则钝兵挫锐，攻城则力屈，久暴师则国用不足。夫钝兵挫锐，屈力殚货，则诸侯乘其弊而起，虽有智者不能善其后矣"。

密斯特舒：这句话是说，军队作战最好能速胜，拖久了军队必然疲惫，挫失锐气。一旦攻城，则兵力将耗尽，长期在外作战还必然导致国家财用不足。如果军队因久战而疲惫不堪，军事实力耗尽，国内物资枯竭，其他诸侯必定趁火打劫。这样一来，即使足智多谋之士也没有良策来挽救危亡了。

巴菲特：所以战争是一件严肃的事情，不可儿戏。

孙　子：当然，所以"不尽知用兵之害者，则不能尽知用兵之利也"。不能详尽地了解用兵的害处，就不能全面地了解用兵的益处。

巴菲特：非常认同。

数胜而亡

百战百胜，可能是国家的灾难。

孙　子：其实打仗除了消耗之外，还会让发动战争者失去理性，走向疯狂，这同样是需要警惕的地方。

巴菲特：这又怎么讲？

孙　子："战胜攻取，而不修其功者，凶，命曰'费留'。"也就是说，如果你动不动就兴师讨伐，即便取得胜利，但不能巩固胜利、修明政治，那么反过来就是凶兆，就要遭殃。

巴菲特：有没有这方面的案例呢？

孙　子：中国历史上有不少这样的例子，不妨请密斯特舒介绍一下。

密斯特舒：我来介绍一下宋康王和齐湣王的故事。宋康王是战国时期宋国的最后一位君王，他天赋异禀，力大无比，可以徒手将铁钩压弯拉直。

宋康王在位的时候，发生了一件奇事：一只雀鸟在城边生下一只鹯鸟。太史卜了一卦，说小鸟生大鸟，这是大吉大利之兆，说明大王你一定能够称霸天下。宋康王大喜，起兵灭掉滕国，攻占薛国，向东击败齐国，夺取了五座城池，随后向南战胜楚国，占地方圆三百里，又向西打垮魏军。一时间宋国成为可与齐国、魏国相匹敌的国家，这更让他沉浸在霸业美梦里。为了早日完成霸业，他让人用皮囊装上血，挂在高处，再用弓箭射破那些血囊，号称"射天"，又当众用鞭子抽打大地，是为"笞地"；他还砍倒并烧毁神坛，以表示自己的声威可以震慑鬼神。他在宫室中整夜饮酒，令室内的人齐声高呼万岁，大堂上的人闻声响应，堂下的人接着响应，门外的人又继续响应，以至于国中没有人敢不呼万岁。天下的人都咒骂他是"桀宋"。齐王趁机起兵征伐宋国，宋国人四下逃散，弃城不守。宋王只好逃往魏国，死于温地。

巴菲特：宋康王这是犯了我们在投资中讲的过度自信的毛病。

孙　子：他的自信过度已经发展到了狂妄的地步。他之所以会这样，既与被身边的人忽悠有关，也与一开始战争过于顺利有关，被连续的胜利冲昏了头脑。有意思的是，这个现象还会传染。

巴菲特：为什么说会传染？

孙　子：密斯特舒可以接着介绍。

密斯特舒：齐湣王灭掉宋国以后，也日益骄横起来，向南攻打楚国，向西攻打韩、赵、魏三国，而且还想吞并二周，自立为天子。谏士狐咺义正词严地规劝他，却被在檀台大路上斩首。另一位大臣陈举直言不讳地阻止他的暴行，也被杀死在齐国的东门。

而当时的燕昭王励精图治，与民休息，使得燕国越来越富足。燕昭王便与乐毅商议讨伐齐国。乐毅联合秦、赵、楚、魏四国一起发动进攻。齐湣王集中国内全部人力进行抵御，双方在济水西岸大战，齐国军队大败。之后，乐毅派魏国军队进占宋国旧地，部署赵国军队去收复河间。自己则率领燕军，长驱直入继续追击溃败的齐军。将军剧辛提出不同看法，他认为齐国大，燕国小，应该稳打稳扎，而不应孤军深入。但是乐毅认为齐湣王丧失人心，百姓愤恨，此时正是进军的好时机，于是下令快速行军挺进齐国。齐国果然被一举击溃，齐湣王先出逃到卫国，卫国国君打开王宫让他居住，好吃好喝好招待。齐湣王却很傲慢，卫国人气不过，将他赶出了卫国。

齐湣王只得继续逃往邹国、鲁国，但还是非常傲慢，邹、鲁的国君都不收留他，齐湣王只得辗转逃亡到齐国五都之一的莒（jǔ）。

最后，他被楚国将领淖齿捉住，淖齿当面控诉齐湣王的桩桩罪过："千乘、博昌之间的方圆几百里地下血雨，血雨浸湿衣服，你齐王知道吗？"齐王回答："知道。""嬴、博之间，大地崩塌，泉水上涌，你齐王知道吗？"齐王回答："知道。""有人堵着宫门哭泣，却不见人影，离开时又声响可闻，齐王你知道吗？"齐王回答："知道。"淖齿说："天降血雨，是上天警告你；地崩泉涌，是大地警告你；人堵着宫门哭，是人心在警告你。天、地、人都警告，而你却不知悔改，你还想不死吗！"于是在鼓里这个地方将齐王处死。相传齐湣王的死状非常惨烈，是被悬挂在屋顶房梁上，活生生剥皮抽筋而死。

巴菲特： 这傲慢的代价可真是太大了。

孙　子： 是的，但我们要深究，是什么造成齐湣王的傲慢，正是早期太轻易的胜利让他失去了理智，走向了傲慢。其实说起来很遗憾，我当年服务的吴国同样犯了这样的错误。后来魏武侯问起吴国灭亡的原因时，很有思想的李克回答说："因为数战数胜。"

魏武侯不解，又问："百战百胜，不是国家之福吗？怎么反而会灭亡呢？"李克说："打仗太多，则百姓疲于奔命；胜利太多，则国君骄傲自大。以骄傲自大的国君去统治疲惫不堪的人民，少有不灭亡的。君王骄傲便会放纵，放纵便会穷奢极欲；民众疲惫便会怨恨，怨恨便会挖空心思欺诈谋反。上下都各自走极端，吴国的灭亡还算来得晚的呢！"①

巴菲特： 这个分析很精彩，能详细介绍一下吴国灭亡的故事吗？

孙　子： 请密斯特舒介绍。

密斯特舒： 这个故事说来话长，我们等到后面的案例中再介绍如何？

巴菲特： 没问题。

孙　子： 李克讲的道理概括成一个词就是"数胜而亡"，这是非常精辟的道理，跟我的观点非常一致，所以我对发起战争设置了许多条件，或者说很多情况下不可轻启战端。

巴菲特： 哦，都有哪些条件呢？

孙　子： 前面讲的"非利不动，非得不用，非危不战"就是三种情况。还有两种情况也值得注意，我概括为"主不可以怒而兴师，将不可以愠而致战"。

巴菲特： 请先生展开讲讲。

孙　子： "主不可以怒而兴师"是指一国之主不可因为一时怒气而发动战争。比如息侯与郑伯一言不合，息侯就带兵

---

① 详见《淮南子·道应训》。

讨伐郑国，其实郑国实力远强于息国，所以结果可想而知，息侯在郑国的边境被打得狼狈逃窜。

巴菲特：如何理解"将不可以愠而致战"呢？

孙　子：意思大体相同，愠也是怒，不过强度没那么高，所以一般用来形容将军之怒。密斯特舒可以介绍一下姚襄的案例。

密斯特舒：姚襄是十六国时期羌族的首领，英勇善战，在与前秦作战时，就着了前秦主将苻黄眉的道。

姚襄见前秦兵马来势汹汹，本打算闭门不战，等待战机，可是，苻黄眉采用建节将军邓羌的计策，派出三千骑兵，一直压到姚襄的营门前，不断挑衅，一边擂鼓呐喊，一边羞辱对方并叫阵。

姚襄的脾气向来暴躁，按捺不住，一怒之下率军杀出。前秦军假意败走，姚襄随后紧追，不料又中了敌军的诱敌深入之计，被前秦大军包围。乱战中，姚襄胯下骑乘的战马倒地，姚襄被摔下战马，随即被前秦军抓住并斩杀。

巴菲特：怒不可兴兵，这个道理着实有趣，先生讲的"数胜而亡"及不宜发动战争的情况跟投资的原理非常相像。

孙　子：也请沃伦详细介绍一二。

有所投，有所不投

股票并不知道谁是它的主人。但你却对它寄予了太多的七情六欲。

巴菲特：孙先生给作战提出了许多限制条件，我和查理则给投资设定了许多限制条件，在许多情况下我们都不会进行投资。

孙　子：比如哪些条件？

巴菲特：总结起来有以下几类：股价估值过高时不投；管理层不好的不投；增长迅速，需要大量资金投入但是又挣不到钱的公司不投；判断不理性时不投；不熟悉的不投；太难理解的不投。

孙　子：能否请先生展开讲讲，怎么理解估值过高时不投？

巴菲特：投资在本质上是一场概率游戏，在这方面查理有一句很经典的话。查理，请你介绍介绍？

芒　格：是的，概率十分重要，我曾讲过，"如果你没有把这个基本的但有些不那么自然的基础数学概率方法变成你生活的一部分，那么在漫长的人生中，你们将会像一个踢屁股比赛中的独腿人。这等于将巨大的优势拱手送给了他人"。

孙　　子：如何将这种方法跟投资相结合呢？

芒　　格："你要寻找的是标错赔率的赌局。这就是投资的本质。""对于我们来说，投资等于出去赌马。我们要寻找一匹获胜概率是 50%，赔率是 1∶3 的马。"

密斯特舒：我给孙先生介绍一下胜率和赔率的概念。

孙　　子：谢谢！

密斯特舒：胜率就是成功率，例如投入 10 次，7 次盈利，3 次亏损，胜率就是 70%。赔率是指盈亏比，例如平均每次盈利 30%，平均每次亏损 10%，盈亏比就是 3 倍。查理说的获胜概率就是指胜率为 50%，赔率是 1∶3 相当于盈亏比为 3 倍。

根据这个原理，只有高胜率但是赔率很低的情况并不一定能够赚钱。例如，如果你每次只挣 5% 就走，但是一亏就亏掉 30%，那么就算胜率超过 80%，你最终可能还是会赔钱。

芒　　格：密斯特舒介绍得很好。我曾经说过一个比喻："一匹负重较轻、胜率极佳、起跑位置很好的马，非常有可能跑赢一匹胜率糟糕、负重过多的马，这个道理就算是傻子也能明白。但如果该死的赔率是这样的，劣马的赔率是 1∶100，而好马的赔率是 2∶3。那么利用费马和帕斯卡的数学原理，很难准确地算出押哪匹马能赚钱。"

孙　子：能够举个投资的例子来说明吗？

芒　格：我以铁路公司和 IBM 为例："有些铁路公司饱受更优秀的竞争对手和强硬的工会折磨，它们的股价可能是账面价值的 1/3。与之相反，IBM 在市场火爆时的股价可能是账面价值的 6 倍。所以这就像彩池投注系统。就算傻瓜都能明白 IBM 这个企业的前景比铁路公司要好得多。但如果你把价格考虑在内，那么谁都很难讲清楚买哪只股票才是最好的选择了。所以说股市非常像彩池投注系统，它是很难被打败的。"

密斯特舒：我来解释一下，查理的意思是，虽然 IBM 的成长前景要远远好于铁路公司，但它的价格已经太高了，所以赔率很低；而铁路公司价格极低，赔率却更高，更容易赚钱。

巴菲特：其实类似的情形我们碰到过许多次。比如前面谈过的 2000 年前后互联网泡沫时期我们远离网络股，就是因为当时的市场太疯狂，估值太高了。1969 年我关闭自己的合伙公司，同样也是因为当时股市高涨，市场的投机氛围越来越浓厚，股票估值过高。

孙　子：了解了，我们继续讨论。我们在前面也提到"管理层不好的不投"这一条，那么"增长迅速，需要大量资金但是又挣不到钱的公司不投"这一条该怎么理解？

巴菲特：上回我们谈到的美国早期的航空公司就属于这种公司，

它们需要投入大量的资本来购买飞机和维护飞机的运行，同时又因价格战导致大幅亏损。这种局面下获益的是消费者，但对于股东来讲，这种公司却是价值毁灭者。

孙　子：了解了，那么"判断不理性时不投"又该如何理解？

巴菲特：我曾经讽刺过一种现象："股票并不知道谁是它的主人。但你却对它寄予了太多的七情六欲。你清清楚楚记得是以什么价位买进它的，你还清楚地记得谁透露了一些小道消息——感情五味杂陈。"

我想表达的是，许多人买股票凭的不是理性，而是自己的感情偏好、小道消息等。

孙　子：这一条感觉确实很难避免，如果我是投资者，也很难不被带跑。

巴菲特：是的，所以投资需要时刻保持理性，这的确很难。

孙　子：那么"不熟悉的不投""太难理解的不投"又该如何解释？

巴菲特：这两条非常重要，我想多花点时间来谈，我们再找时间专门来谈如何？[1]

孙　子：没问题。

---

[1] 详见第8章"以熟避生：知可以战与不可以战者胜"。

投资界"柳下惠"

如果你拥有 40 位妻妾,你一定没有办法对每一个女人都认识透彻。

孙　子：排除了这么多不可投的情形,感觉沃伦的投资出手次数应该不多。

巴菲特：的确是这样,就像我之前说过的打棒球的比喻,我和查理多数时间是在等待。我们不主张投太多股票。

孙　子：中国有句俗话说,不要把鸡蛋放在一个篮子里,也就是把鸡蛋多分几个篮子放,沃伦不认可这个说法吗?

巴菲特：这句话或许在很多方面适用,但是对投资不见得适用。相反,"投资应该像马克·吐温建议的那样,把所有鸡蛋放在同一个篮子里,然后小心地看好它"。

密斯特舒：这里我做个补充。有人做过统计,1977—2015 年的 38 年间,沃伦投资过的股票一共仅 76 只,平均每年 2 只。

另一份统计显示,在 1977—2004 年长达 27 年的时间里,沃伦投资 3 年以上的股票仅有 22 只,但这就为他创造了 318 亿美元的投资回报,平均投资回报率高达 5.2 倍以上。考虑到沃伦掌握的资金多达数千亿美元,这些股票的数量实在是不多。

孙　子：沃伦的资金量的确太大了，但对于普通投资者来说，买多少股票才是合适的？

巴菲特：这方面我打过一个比方。"我可以给你一张只有20个打孔位的卡片，这样你就可以在上面打20个孔——代表你一生中能做的所有的投资。一旦你在这张卡片上打满了20个孔，你就不能再进行任何投资了。"

孙　子：这是按投资者的整个投资生涯来衡量的，如果就一段时间而言，一个普通投资者同时可以投多少只股票？

巴菲特："我认为，对任何一个拥有常规资金量的人而言，如果他们真的懂得所投的生意，那6只股票已经绰绰有余了。"甚至，"只要你能顶住价格波动的压力，拥有3只股票就足够了。"

孙　子：为什么这么说呢？

巴菲特：原因很简单，"你熟悉的生意可能不会超过6种，假如你真的懂6种生意，那就是你的投资多元化所需要的数量，我保证你会因此而赚大钱。如果你决定把钱放在第7种生意上，而不是去投资最好的生意，那肯定是个错误的决定。因为靠第7种生意赚钱的概率是很小的，但是因为最熟悉的生意而发财的概率却很大。"

孙　子：沃伦的建议非常明确。

巴菲特：总之，"我认为不管从什么角度来说，过度追求投资多元化都是犯了大错。""如果我们只管理自己的钱，只要是我们真的特别看好，把总资产的 75% 投入一个仓位上，根本不成问题……我除了伯克希尔－哈撒韦公司的股票，还有很小的一部分资产是自己在打理，好几次都投入 75% 只买一个仓位。有的机会，不抓住了，对不起自己。"查理，你说呢？

芒　格：我的观点比沃伦更激进，在我看来，"在美国，一个人或一家机构如果用绝大多数财富来对三家优秀的美国公司进行长期投资，那么肯定能够发大财。"甚至，"在某些情况下，一个家族或者一个基金用 90% 的资产来投资一只股票，也不失为一种理性的选择。"

　　　　我有个比喻，"如果你拥有 40 位妻妾，你一定没有办法对每一个女人都认识透彻"。

孙　子：查理幽默，这让我想起来中国有个叫柳下惠的人。

芒　格：柳下惠是谁？

孙　子：柳下惠是一个比我还要老几百岁的中国君子，他非常注重道德礼节，美女坐到他的怀里，他都能够不为所动。

芒　格：佩服，这比我和沃伦更有定力！（笑）

孙　子：开个玩笑，言归正传，你们在实践中真是这么做的吗？

芒　格：从职业生涯来说，我肯定不只投了一只股票，但是"我一生中仅投资了三家企业就很成功了，它们是伯克希尔－哈撒韦、好市多和李录的基金"。

孙　子：这的确很少。

芒　格："我甚至在一笔投资上投入过 100% 的仓位……商学院开设了公司金融这门课，学生们学到的是要分散投资，但在投资中，根本不应该分散。"

巴菲特：我做个补充，"我跟查理很早以前就明白，在一个人的投资生涯中，做出上百个聪明的小投资决策是件很辛苦的事。这种想法随着伯克希尔－哈撒韦公司资金规模日益扩大而越加成熟，因此我们决定，只要在仅有的几个时机中采取英明的决策就够了，而非次次聪明，所以我们现在只要求每年出现一次好的投资想法就满足了。"

孙　子：所以沃伦坚定地认为分散是错误的？

巴菲特："只有那些一无所知的投资者才应该分散投资，专业投资者怎么能分散投资呢？"

孙　子：棒极了。这与我主张的兵法可以说毫无二致，要么不打，要打就要尽量一战而定。所以数胜而亡，少就是多。

巴菲特：正是如此。

> 密斯特舒赞叹

投资不是捕鱼，广撒网并不一定有好收成

曾经有朋友给我看过他的基金账户，几十万本金里大概有20多只基金，凡是看到新基金发行他就去买一点，至于这只基金的优缺点，其实他并不清楚。投资股票也有相同的情况，许多投资者本金不多，却买了几十只股票。殊不知，**投资不是捕鱼，广撒网并不一定有好收成，反而可能摊薄收益**。

有的读者可能认为，多买点不是可以分散风险吗？这其实是个似是而非的说法，相关学术研究得出过以下结论：持有4只股票能将风险降低40%，持有10只股票能将风险降低50%，但持有股票超过10只效果则会递减，即使你持有100只股票，也只能降低60%的风险。所以过度的分散投资并不能达到分散风险的目的，相反，由于人的精力有限，买得过多意味着你对所买股票的了解程度将会下降，反而增加了"踩雷"的可能性。

你可能会举出反例，比如同样是华尔街传奇的彼得·林奇（Peter Lynch）拥有1 400多只股票。但是彼得·林奇这么做有两个前提，首先是他管理的麦哲伦基金资金量很大，超过100亿美元；其次他的勤奋无人能及，早晨6:05他就乘车去办公室，晚上19:15才回家，路上一直都在阅读，每年要访问200家以上的公司并阅读700份年报。他和他的研究助手每个月要对将近2 000家公司做调查，假定打一个

电话需要 5 分钟，那么就需要每周花上 40 个小时才能完成。

另外，不要忽视他的持仓结构。虽然他总共买过 1 400 只股票，但他管理的麦哲伦基金的一半资产只投资于 100 只股票，2/3 的基金资产投资于 200 只股票，真正分散的资金只占 1%，他会分散投资于 500 只股票，这些股票目前只能算是二流投资机会，却有可能在以后成为一流投资机会，他会定期监视追踪这些股票的发展变化。

1990 年，45 岁的彼得·林奇正处于巅峰时刻，却选择离开共同基金的圈子，过起了退休的生活。高强度工作给他带来了荣誉，但也让他付出了巨大代价。他说："虽然我乐于从事这份工作，但是我同时也失去了待在家里、看着孩子们成长的机会。孩子们长得真快，一周一个样。几乎每个周末都需要她们自我介绍，我才能认出她们来……"勤奋到无以复加的彼得·林奇也无法确保自己的职业生涯会延续得更长，这与他的选股模式息息相关，他的时间和体能都消耗得过多。所以，同样是成功的投资家，但是从成就的量级来看，巴菲特仍然是真正的王者。从这个意义上说，巴菲特和芒格这种出手次数少的坐等投资方式更符合健康养生的需要。

其实对于普通投资者，彼得·林奇也给过很好的忠告："作为一个业余选股者，根本没必要非得寻找到 50～100 只能赚钱的股票，只要 10 年里能够找到两三只赚钱的大牛股，所付出的努力就很值得了。资金规模很小的投资人可以利用'5 股原则'，即把自己的投资组合限制在 5 只股票以内，只要你的投资组合中有一只股票上涨 10 倍，那么即使其他 4 只都没有涨，你的投资组合总体上也能上涨 3 倍。"

当然这里也需要做个补充说明，选择集中投资还是分散投资的关键还取决于你的资金属性以及认知能力。如果你拥有的是长线自有资金，又对所选的标的具有深度认知，那么自然可以集中投资。但如果你不具备深度认知，或者并不拥有长线自有资金，那么还是适度分散（不是过度分散）投资为好。巴菲特和芒格说的"只买一只股票"的做法与过度分散投资都属于极端行为，需要辩证看待。

投资故事和战事

本章将要介绍的,一是有关菲利普·费舍独到选股的故事,二是吴国数战数胜最后却灭亡的故事。这两个故事可以帮助我们进一步理解"少即是多"的道理。

故事一:菲利普·费舍的"少即是多"

巴菲特曾说他的投资哲学85%来自本杰明·格雷厄姆(Benjamin Graham),15%来自菲利普·费舍。

菲利普·费舍生于1907年,是一位教父级的投资大师,被誉为"现代投资理论的开路先锋之一""成长股投资策略之父"。费舍上小学时,有一天下课后去看望祖母,恰好一位伯父正与祖母谈论未来工商业的前景,以及股票可能受到的影响。费舍说:"一个全新的世界展开在我眼前。"虽然两人只讨论了10分钟,但是费舍却听得津津有味。不久后，费舍就开始买卖股票。从斯坦福大学商学院毕业后，费舍成为一名证券分析师，正式开启职业投资生涯。

费舍非常低调，很少接受采访。但在1987年，费舍罕见地接受了一次媒体采访，并透露了他的投资哲学，其中的核心之一便是"少即是多"。他的核心股票只有4只，此外，他会用少量的钱去买一些有潜力进入核心股票池的股票，通常是5只。从20世纪30年代买入2只股票开始，他在50年间总共发现了14只核心股票，这是一个很小的数目。但是，它们为费舍赚了很多钱，其中最少的都有7倍的投资回报，最多的收益甚至能达到几千倍。

费舍的代表作包括投资德州仪器。他1955年买进的德州仪器到1962年升了14倍，随后暴跌80%，但随后几年又再度创出新高，比1962年的高点还高出一倍以上，也就是说比1955年的价格高出30倍。

费舍的另一个代表作是投资摩托罗拉。20世纪60年代中后期，费舍开始投资摩托罗拉。他持有摩托罗拉股票21年，股价上涨了19倍——即21年内股价由1美元上涨至20美元。在不计算股利的情况下，摩托罗拉的股票价格每年平均增长15.5%。

在他的代表作《怎样选择成长股》（*Common Stocks and Uncommon Profits and Other Writings*）一书中，费舍总结的投资人"十不原则"堪称经典，"十不原则"的内容如下：

1. 不买处于创业阶段的公司。
2. 不要因为一只好股票未上市交易，就弃之不顾。
3. 不要因为你喜欢某公司年报的格调，就去买该公司的股票。
4. 不要认为一只股票的市盈率高，必然表示收益的进一步增长已经反映在价格上了。
5. 不要计较蝇头小利。
6. 不要过度强调分散投资。
7. 不要担心在战争阴影笼罩下买进股票。
8. 不要忘了你的吉尔伯特和沙利文。①
9. 买进真正优秀的成长股时，除了考虑价格，不要忘了时机因素。
10. 不要盲目从众。

可以看到，费舍把"不要过度强调分散投资"放在了第6位。他的理由是什么呢？在他看来，"如果你把鸡蛋放在很多篮子里，就会使很多鸡蛋没有放进真正具有吸引力的篮子里，并且不可能在放进鸡蛋之后一直盯着它们"。

在费舍看来，投资者持有25只或者更多只股票的行为是非常可怕的，原因是投资者不可能真正了解他所持有的25只股票。过

---

① 英国维多利亚时代幽默剧作家威廉·S.吉尔伯特（William S. Gilbert）与英国作曲家阿瑟·沙利文（Arthur Sullivan）说过一句话："花儿在春天盛开，可是它跟春天本身却毫无关系。"这对费舍很有启发。

于分散的投资使人们远离他们了解的企业,而买入了大量他们并不了解的企业。"他们似乎不明白,买入不了解的企业比多样化不足更加危险。"

与巴菲特和芒格一样,费舍同样是倡导"少即是多"的典范。

故事二:吴国数胜而亡

春秋时期,诸侯争霸,大戏纷呈。争霸的主角一般是中原大国,齐桓公、晋文公、楚庄王、秦穆公、宋襄公为"春秋五霸"。不过,到了春秋中后期,有一个偏居一隅的诸侯国却异军突起,实力可与中原大国匹敌,甚至两度打败楚国,这个诸侯国就是吴国。吴国的崛起与吴王阖闾息息相关,他重用伍子胥和孙子,一边强国一边兴军,让偏居江南的吴国反客为主,达到了威震华夏的地步,司马迁评价他为"宾服荆楚""令行中国"。

可惜在一次讨伐越国的战争中,阖闾被越国大夫灵姑浮用戈斩掉了脚拇趾,后因感染发病而死。阖闾临死前告诉儿子夫差,别忘了是勾践杀死了你父亲。夫差怒而兴兵,即位两年后就举全国精锐对越国用兵,越军战败,损失惨重,仅剩五千余人,退守会稽山。吴军乘胜追击,占领会稽城(今浙江绍兴)。勾践无奈,采纳大夫范蠡、文种的建议,派文种以天下第一美女西施和大量财宝贿赂吴太宰伯嚭,请他劝夫差准许越国附属于吴。伍子胥力劝夫差不可接受越国的献礼,应当斩草除根以绝后患。夫差不仅不听,反而听信伯嚭挑拨谗言,逼迫伍子胥自刎。

降服越国之后,夫差继续发起一系列中原争霸战。公元前489年,夫差听说齐景公死后大臣争夺权力,新立之君幼小无势,于是准备攻打北方强国齐国,并且数次打败齐国,尤其在艾陵之战中全歼十万齐军。

在夫差征伐北方的时候,越王勾践则在卧薪尝胆,恢复国力,准备复仇。大夫逢同为勾践定下一个策略,逢同说现在吴国正出兵讨伐齐、晋两国,与楚、越两国也结下了深仇大恨,名望虽高于天下各国,但实际上危害了周天子的权威,德行少而战功多,一定会骄横狂妄。若真要为越国打算,不如结交齐国,亲近楚国,依附晋国。如果齐、晋、楚三国一起来讨伐吴国,越国趁着吴国疲惫的时候发起进攻,就可以打败它。勾践采纳了逢同的策略。

好战的夫差果然如逢同所料,连年兴师动众,造成国力空虚。公元前482年,夫差北上黄池和诸侯会盟,吴国的精锐部队尽随吴王北上,只有老弱残兵与太子留守在吴国。勾践乘机率兵伐吴。吴国战败,太子也被杀害。夫差在黄池与诸侯订完了盟约,就派人送了一份厚礼,请求与越国讲和。越王勾践评估了一下,认为凭当时的实力还无法灭掉吴国,就接受了吴国的请求。

四年以后,进一步积蓄了力量的越国再次讨伐吴国。而此时的吴军和百姓经过连年征战已经疲惫不堪，吴国的精锐部队都在与齐、晋两国的战争中丧生，所以越国大败吴国，并乘胜围困了吴国都城。最后，越国军队将夫差围困于姑苏山上。夫差派公孙雄赤裸上身，跪地前行，向越王求和，话说得很卑微："孤立无助的臣子夫差，冒昧地说出真心话，当初在会稽得罪您，但我不敢违背您的嘱咐，和您讲和并让您回国了。如今劳驾您来讨伐我，孤臣也唯命是从，但夫差私下的心意是希望您也能像当年会稽山一样，赦免孤臣的罪过。"

勾践坚决拒绝了吴国使臣的请求，只答应可以将夫差安置在甬东，做一个百户人家的君王。夫差仰天长叹，辞谢说："我已经老了，不能侍奉君王了！"说完便拔剑自尽，自尽时还用东西把脸遮盖起来说："我没有脸面去见伍子胥啊！"

西汉思想家陆贾评价夫差是"极武而亡"，一开始的屡战屡胜助长了夫差的穷兵黩武，殊不知他最终掉进毁灭的深渊。

05

以勇胜怯:
疾如风侵掠如火

投资机会来了,是果断出击,还是继续等待?

巴菲特:
当天上下金子的时候,应该用大桶去接。

孙子:
要"攻于九天之上""疾如风""侵掠如火""动如雷震"。

05 以勇胜怯：疾如风侵掠如火

正如前文已经提到的，投资是胜率与赔率相结合的游戏。赢得了胜率，输掉了赔率，结果同样不佳。如果再深究造成这一现象的原因，当面对确定性机会时不敢下重注可能是关键。

投资、作战要有耐心，要善于等待，但也不能一味地等待，该出手时也得果断出手，而且是出重手。巴菲特对此有精彩的比喻："当天上下金子的时候，应该用大桶去接。"芒格的说法是："我找到的机会不多，但是一旦找到了，我绝不手软。"

兵法之道也是如此，前面谈过"善守者，藏于九地之下"，其实后面还有半句："善攻者，动于九天之上"，善于进攻的人，像是神兵天降，让敌人没有时间反应。不仅速度要快，而且发力要足够，

"并敌一向,千里杀将"——一旦机会来了,便集中兵力攻敌一处,千里奔袭击溃对方。

不论是作战还是投资,都讲究"稳、准、狠",但是要做到这几点并不容易,它要求你懂得蓄势。蓄势不足,力量便不足。孙子说:"胜者之战民也,若决积水于千仞之溪者,形也。"意思是说,胜利者在指挥军队打仗的时候,就像从八千尺的高处决开溪中积水一样,其势猛不可当。孙子还说:"激水之疾,至于漂石者,势也。"水本来是很柔的,但是从高处倾泻下来的水却能够推动大石头,因为水在高处蓄够了势能。

在投资中,长期深入的研究、耐心的等待同样是蓄势的过程,巴菲特和芒格敢于突然出手的背后是长期的蓄势,是厚积薄发。

那么,在投资或作战中如何辩证看待攻守之道?又如何在机会出现时及时抓住它?且听三位先生继续讲解。

机会出现时要大力出击

当天上下金子的时候,应该用大桶去接。

孙　子：在之前的对话中,沃伦和查理谈到"以慢制快",给我的感觉是投资应当以稳妥为先,不打没把握的仗。不过上次的对话又给了我另外一种启发，就是一旦机会出现，沃伦和查理也非常果断，敢于大举押上，不知道我的感觉是否正确？如果正确，这两者是否矛盾？

巴菲特：先生的体会没错，做投资也不能一味地等待，该进攻时也要勇于进攻。我在 2009 年致股东的信中用过一个比喻："如此巨大的机会非常少见。当天上下金子的时候，应该用大桶去接。"

孙　子：为什么要强调 2009 年，这一年发生了什么？

巴菲特：那是因为 2007—2008 年爆发了由美国引发的全球金融危机，资产价格暴跌，具体情形请密斯特舒介绍。

密斯特舒：美国历史上发生过多次金融危机，但是"美国金融危机"一般特指 2007—2008 年发生的美国次贷危机，可见这次危机的严重性。

这次危机到底有多严重呢，它堪称"一场剧烈的金融核裂变"。在这次危机中，先是美国的房价开始暴跌，然后多家银行破产，股市一泻千里，老百姓的财富大幅缩水，进而引发经济的极度低迷。这又进一步拖累了房地产市场，不断引发新的"恶性循环"。

在美国次贷危机中，纵横市场上百年的金融巨头、世界著名保险及金融公司美国国际集团和美国最大、历史最悠久的投资银行之一雷曼兄弟公司轰然倒塌，摩根士丹利出现巨额亏损，曾经雄霸世界汽车市场的通用汽车公司宣布破产，美国房地产抵押贷款巨头房利美于2008年7月身陷700亿美元亏损困境。股市暴跌，道琼斯指数在2009年3月收于6 594低点，较衰退前的高点下跌了50%以上。2008年底，即使在实施了一系列非常激进的金融干预措施之后，美国每个月仍有75万个工作岗位流失，并且美国经济迅速萎缩。次贷危机的影响不仅局限于美国，而是像龙卷风一样席卷全球，全球经济和金融市场一片腥风血雨。

孙　子：这果然是一场大风暴，我很好奇当时沃伦和查理在做什么？

密斯特舒：风暴中别人都在疯狂"出逃"，沃伦和查理却在疯狂"扫货"。他们先后出手6次，大量买入星座能源、日本汽车厂商Tungaloy、高盛集团、比亚迪、通用电器等公司股份，伯克希尔－哈撒韦公司持股的富国银行又以151亿美元收购了美联银行。

这在外人看来无疑是"接飞刀"。以高盛集团为例，2008年9月25日，当时次贷危机正处于风暴眼之中，雷曼兄弟公司刚刚申请破产10天，高盛集团深陷流动性危机，并且刚刚向美联储提交了从投行控股公司转变为银行控股公司的申请。沃伦却宣布动用50亿美元购入高盛集团的永久优先股，利息为10%。当时的成交价在 110 ～ 112 美元之间，这与危机发生前的高位相比接近腰斩。

孙　　子：这真是雪中送炭，高盛集团一定把沃伦当成大救星了吧？

密斯特舒：确实如此。当时交易完成后，沃伦和高盛集团的一群高管走到交易大厅正中，沃伦不由自主地主动提出想讲两句。大厅里爆发出的热烈掌声，持续了好几分钟。

巴 菲 特：我还记得当时的场景，我对他们说："我想让大家知道，我一直钦佩高盛集团。我 10 岁的时候，父亲带我来纽约，我们就曾来高盛集团参观。我见到了西德尼·温伯格（Sindney Weinberg）。从那时至今，我一直钦佩这家公司。""高盛集团拥有最优秀的人，是最优秀的公司，我的投资永远无法比这一次更让我骄傲，更让我快乐。"

孙　　子：这种感觉一定很棒。不过这笔投资后来结果如何？

密斯特舒：即使沃伦也不是一出手就见效的。相反在沃伦收购高盛集团之后，金融危机继续蔓延，高盛集团最低股价跌至 38.89 美元，相比沃伦的收购价又跌了 66%。有人就开始看笑话了，说沃伦"晚节不保"。

孙　　子：后来呢？

密斯特舒：高盛集团的股票在 6 个月后涨回了 115 美元，11 个月后涨到了 150 美元。两年半后，高盛集团在已付出

5 亿美元利息的基础上，宣布以 55 亿美元赎回沃伦的优先股。以此计算，沃伦在两年多的时间里大赚 10 亿美元。

沃伦在收购高盛集团的同时附加一份价值 50 亿美元的认股权证，这让他有机会在两年半内以 115 美元每股的价格将优先股转为高盛集团普通股。2013 年 3 月，认股权证到期半年前，沃伦行权买入高盛集团 50 亿美元的股票。当时，高盛集团的股价为 147 美元，沃伦的成本是 115 美元，以买入时点算浮盈约为 14 亿美元。

孙　子：虽然有周折，但结果是完美的。别人都逃之夭夭的时候，你为什么能做到大举扫货呢？你当时是怎么想的？

巴菲特：出手在股市抄底之后，我在《纽约时报》上发表过文章，题目是"我正在买入美国"，这篇文章比较完整地代表了我的想法。

我在文章中写道："恐惧正在蔓延，甚至吓呆了经验丰富的投资者。当然，对于竞争力弱、负债率高的企业，投资人保持谨慎是正确的。但对于美国那些竞争力强的企业的长期繁荣前景过于悲观就是非常错误的了。这些优秀企业的利润也会突然下滑，但大多数主要企业都会在未来 5 年、10 年或 20 年之内创下利润新高。"

> "我无法预测股市的短期波动,对于股市未来 1 个月或 1 年会涨会跌我一无所知。但是,很有可能在市场恢复信心或经济复苏之前,股市就会上涨,而且可能是大涨。"

孙　子：沃伦的想法最终还是基于对国家的信心以及对价值的判断。

巴菲特：是的,只要对未来有信心,那么遇到这种机会就应该大胆上。

孙　子：当时你一共花了多少资金"买入美国"?

巴菲特：2008 年初我们账上拥有 443 亿美元的现金资产,之后还留存了 2007 年 170 亿美元的营业利润。然而,到 2009 年底,我们的现金资产减少到 306 亿美元。所以,在整个危机中,我们动用了 300 多亿美元逆向抄底,在 2008 年金融危机最严重时就投入了 165 亿美元,其中包括对高盛集团投资的 50 亿美元,向通用电气注资的 30 亿美元,之后又投资 50 亿美元支持美国银行。

在股市触底后的一年左右,我们又以约 260 亿美元的价格完成了对伯灵顿北方圣太菲铁路公司的收购,该公司后来成为伯克希尔-哈撒韦公司的"五大发动机"之一。

孙　子：这力度的确称得上"用大桶去接"。

巴菲特：是的，查理对此有什么补充？

芒　格：要我说，投资就是"坚守原则，当机会出现的时候，就大力出击"。我还说过另外一个版本："我找到的机会不多，但是一旦找到了，我绝不手软。"

静若处子，动若脱兔

机会来了，动作要足够快。

密斯特舒：其实沃伦和查理不仅善于在机会来临时大力出击，而且有时候出手速度快如闪电。

孙　子：哦，这也跟我的印象不太符合，请举例说明。

巴菲特：这样的操作的确也有一些，其实前面我曾介绍的 2022 年 3 月收购阿勒格尼保险公司就属于这样的案例。

密斯特舒：还是我来介绍好了。2020—2021 年，沃伦和查理一直觉得市场处于非理性的投机状态，所以没有什么大笔投资。直到在 2022 年 2 月 26 日发布的年度致股东信中，沃伦仍然表示，当前几乎没有发现市场上有什么能激发他们兴趣的投资机会，回购股票仍是目前配置现金的最佳方式。

然而，令外界意外的是，随后沃伦和查理却在资本市场上掀起了一轮迅速而狂热的交易浪潮。其中，最具代表性的两个案例便是 2022 年 3 月以 116 亿美元收购阿勒格尼保险公司和大举加仓西方石油公司。

孙　　子：收购阿勒格尼保险公司的故事我还有印象，沃伦好像是看了老朋友的一封信，然后见了一面就决定买入了。

密斯特舒：是的，不过我想补充的是，阿勒格尼保险公司只是沃伦和查理行动的一部分，在投资阿勒格尼保险公司的前后三周内，他们一口气买了 410 亿美元的股票，包括大笔追加西方石油公司，又增持了惠普。截至 2022 年第一季度末，伯克希尔－哈撒韦公司的现金储备降至 1 063 亿美元，为 2018 年第三季度以来的最低水平。

孙　　子：为什么你们忽然在 2022 年 3 月份做出这么大的改变呢？

巴菲特：查理，你先说说？

芒　　格："我们发现有比债券更有吸引力的东西，就是这么简单"。

巴菲特：查理一句话就把一个完整的答案告诉大家了，我这边都不知道应该怎么补充了。（笑）

密斯特舒：其实沃伦在 2002 年买入中国石油也是一次典型的快操作。

孙　　子：沃伦还买过中国的股票？

巴菲特：是的，2002—2003 年，我们以 4.88 亿美元购买了中国石油 1.3% 的股份，这次投资的过程非常愉快。

密斯特舒：沃伦从 2002 年开始买入中国石油的 H 股，买入之前他没有咨询过别人的意见，只是看了一份中国石油的年报就决定了。

孙　子：听起来多少有点草率。

巴菲特："我们不喜欢做事要精确到小数点 3 位以后，如果有人体重约为 300～350 磅（约 136 千克～226 千克），我不需要精确的体重就知道他是个胖子。如果你根据中国石油年报上的数字还做不了决定，那你应该直接看下一家公司。"

孙　子：是什么样的数字让沃伦如此动心？

巴菲特：因为这份年报显示中国石油足够便宜。中国石油当时的市值约为 370 亿美元。但查理和我觉得这家公司的价值大约是 1 000 亿美元，这意味着股票价格相较内在价值打了 3.7 折，市场误判了中国石油的股票价格。另一个原因是中国石油保持着高分红率，中国石油在年报中承诺，把净利润的 40%～50% 作为股息回馈给股东。

孙　子：这笔投资的结果如何？

密斯特舒：沃伦收获颇丰。2007 年，两个因素使得中国石油的股价大幅升值：一是全球石油价格大幅上涨，二是中国石油的管理层在油气储备和运营方面做得很好。当年中国石油的市值升至 2 750 亿美元，沃伦判断这样的市值和其他大型石油公司的估值基本相当，所以以 40 亿美元的价格卖出。

巴菲特：密斯特舒介绍得没错，最终我们对中国石油的投资赚了 7 倍多。

孙　子：的确是一项愉快的投资，非常干脆利落。中国有句俗语叫"静如处子，动如脱兔"，形容一个人平时就像未出嫁的女子那样沉静，行动起来就像逃脱的兔子那样敏捷，我看这句俗语很适合形容沃伦和查理。

巴菲特：先生过奖了，不知这样操作是否符合先生的兵法原则？

孙　子：非常符合。

巴菲特：哦，那就请先生详解一二。

善攻者，动于九天之上

故其疾如风，其徐如林，侵掠如火，不动如山，难知如阴，动如雷震。

孙　子：前面我们谈过"善守者，藏于九地之下"，这句话是形容一个人非常善于防守，使自己立于不败之地。其实这句话后面还有一句"善攻者，动于九天之上"。

巴菲特：怎么理解？

孙　子："九天"指高不可测，这句话的意思是，善于进攻的人，像行动于极高的天上，飞龙在天，俯冲而下，使敌人无从防备。

巴菲特：从九天之上往下进攻，那必然是威力惊人。

孙　子：没错，我还有句话："故其疾如风，其徐如林，侵掠如火，不动如山，难知如阴，动如雷震。"

巴菲特：怎么理解？

孙　子：这句话的意思是，部队行动时，如狂风般飞旋；行进时从容不迫，如森林般严密不可侵犯；攻城略地时，如烈火般迅猛；驻守防御时，如大山般岿然不动；我方的行动计划如阴云蔽日那样不可捉摸；而大军真正出动时，如雷霆万钧。

也就是说，当大势尚不明朗时，行军要沉稳、隐蔽，但是一旦良机出现，就要像风像火像雷霆般迅捷，使敌人无法反应，一击而中。

巴菲特：这就是中国人常说的"兵贵神速"吧？

孙　子：没错，"兵贵神速"的说法是后来人概括的，我的说法是

05 以勇胜怯：疾如风侵掠如火

"并敌一向，千里杀将"，也就是说一旦机会来了，便集中兵力攻敌一处，千里奔袭击溃对方。

巴菲特： 这句话相当有气势。

孙　子： 其实我还有一句话："兵之情主速，乘人之不及，由不虞之道，攻其所不戒也。"意思大同小异，都是说用兵务求迅速，找敌人措手不及的时机动手，走敌人意料不到的路，攻击敌人没有戒备的地方。

巴菲特： 有什么典故可以说明吗？

密斯特舒： 我来介绍"兵贵神速"的案例。东汉末年，中国北方最大的割据势力之一袁绍在官渡之战中被曹操打败，他的两个儿子袁尚和袁熙投奔了乌桓族首领蹋顿单于。曹操有心征讨乌桓，但又担心远征之后，荆州的刘表会趁机来偷袭。

　　曹操的得力谋士郭嘉分析了当时的形势后对曹操说："您威震天下，刘表定会有所顾忌，不敢袭击我们，所以不必有后顾之忧。而乌桓仗着地处边远，必然不会防备我们。如果我们此时进行突然袭击，一定能将其消灭。如延误时机，让袁尚、袁熙有喘息的机会，重新收拾残部，再得到乌桓各族的响应，到那时，只怕再想打败他们就很难了。"

　　曹操听了郭嘉的话，觉得很有道理，于是亲自领兵征讨蹋顿单于。但因曹军人马、辎重太多，大军走了一个多月才到达易县。郭嘉对曹操说："用兵贵在神速，我们到千里之外的地方作战，军用物资多、行军速度慢，如果敌人知道我军的情况，就会有所准备。不如留下笨重的军械物资，派出轻兵昼夜兼程，深入敌境，趁敌人没有防备发起进攻，这样才能取得胜利。"

曹操采纳了郭嘉的建议，亲率数千精兵轻装北进，直插蹋顿单于所在地柳城。猝不及防的蹋顿单于在一番激战之后被杀，袁尚、袁熙逃往辽东后，也被辽东太守孙康所杀。

巴菲特：非常精彩的故事。

孙　子：不过曹操的故事还算不上是"动于九天之上"。

巴菲特：哪位将军符合先生的这一标准呢？

孙　子：我们老讲中国的案例，今天换换口味讲个中国以外的故事吧。

巴菲特：好啊！

孙　子：古迦太基大将汉尼拔的作战风格就很符合我说的"动于九天之上"，请密斯特舒来讲讲。

密斯特舒：这个故事发生在第二次布匿战争时期，这是一场罗马人与迦太基人之间的大战。当时的罗马拥有最强大的军事

05 以勇胜怯：疾如风侵掠如火

实力，迦太基虽然实力也不弱，但如果在罗马境外正面对敌，基本没有胜算。于是年轻的迦太基将领汉尼拔制订了一个大胆的战略计划。他的计划是向北横渡埃布罗河，翻过比利牛斯山，穿越高卢（也就是现在的法国南部），再翻越阿尔卑斯山，由北向南，把战火引到罗马境内。这是一个没有先例的进军路线，阿尔卑斯山平均海拔约 3 000 米且常年积雪，此前只有高卢的牧民能够赶着牛羊往返于阿尔卑斯山。公元前 218 年的 4 月末至 5 月初，汉尼拔率领由 9 万名步兵、1.2 万名骑兵、几十头大象组成的军队从迦太基出发，经过高卢开始翻越阿尔卑斯山。

在翻越途中，汉尼拔把象群安排在最前面，紧接着是辎重和步兵，骑兵垫后。时值 9 月，阿尔卑斯山上已经开始下雪。汉尼拔的大军行走在狭窄的山路上，一侧是峭壁，一侧是悬崖，稍不留神就会坠入万丈深渊。山路上也无法宿营，很多时候大军只能燃起篝火，用帐幕裹住身体抵御寒冷。

士兵们饥寒交迫，士气低落。汉尼拔指着东方的蓝天向士兵们发表演讲："那里就是意大利。只要我们进入意大利，就意味着我们站在了罗马的城门前。接下来，我们走的都是下坡路。下了阿尔卑斯山，我们只需要进行一两次战斗，意大利就会投降。我们将是意大利的新主人。"

15 天之后，汉尼拔率领大军到达意大利一侧的时候，他的步兵还剩 2 万人，骑兵还剩 6 000 人。但他实现了以最短的时间将战火引入罗马境内的战略目的，当罗马人看到汉尼拔的军队和大象时，仿佛看到天降神兵，大惊失色。此后汉尼拔拉开了他百战百胜的序幕，不仅解了迦太基本土之围，而且用 15 年时间给罗马带来了巨大的灾难，几乎将罗马灭亡。汉尼拔也因为翻越阿尔卑斯山的伟大创举为自己赢得了军事史上"战略之父"的美誉。

巴菲特：汉尼拔担得起这个美誉，也的确如先生所形容的，"善攻者，动于九天之上"。

孙　子：是的。

要懂得蓄势

胜者之战民也，若决积水于千仞之溪者，形也。

巴菲特：我还想追问一下，其实人人都知道快的好处，但是要做到却很难，怎样才能做到快而准呢？

孙　子：这是个好问题，快其实是结果，要做到这点就要懂得蓄势。

巴菲特：关于蓄势我记得在第一次对话中谈到过一些，先生是否还有更多见解？

孙　子：没错,"势"太重要了,我们不妨再做些延展讨论。我有句话叫"胜者之战民也,若决积水于千仞之溪者,形也",意思是说胜利者在指挥军队打仗的时候,就像从七八千尺的高处决开溪中积水一样,其势猛不可当。这就像是高山瀑布一样,蓄水越高,落差越大,瀑布就会越急。

巴菲特：中国人好像很喜欢水,我听老子也解读过水的智慧——上善若水,没想到孙先生也可以从水当中悟到势能。

孙　子：水的确是人类很好的老师,"激水之疾,至于漂石者,势也"。水本来是很柔的,但是从高处倾泻下来的水却能够推动大石头,那就是蓄势。

巴菲特：精彩。

孙　子：当然也可以用别的东西来比喻,比如鸟,"鸷鸟之疾,至于毁折者,节也"。

巴菲特：怎么讲?

孙　子：鸷鸟指的是凶猛的鸟,它速度飞快,能掌握急促的节奏,所以能迅速捕杀锁定的鸟兽。

巴菲特：这让我想起了老鹰俯冲而下捕杀猎物的画面。

孙　子：没错,这也是蓄势而发。回到作战中来,"是故善战者,其势险,其节短。势如扩弩,节如发机。"善于作战的指挥者,一定是能够制造险峻势态的人,他进攻的节奏必然是极度短促的。如果换个比喻,善战者所造成的"势"就如同拉满的弓弩一样,随时可以发射,进攻的节奏就如同扣动弩机那样快。

巴菲特:非常生动形象,居高而下,自然形成势能。

孙　子:没错,这在实际作战中很有用处。比如扎营一定不能在谷底,而要在高处向阳的地方。这样可以避免敌人从高处进攻。相反,如果敌人处在高位,要避免仰攻。[①] 因为势在敌人那边。

巴菲特:难怪先生对汉尼拔这么赞许,他几乎爬到"九天之上"去了,所以下山之后势能十足。

孙　子:正是如此。

密斯特舒赞叹

机会来了,要踏上两只脚

成功投资者的出手次数不一定很多,但是一旦抓住机会他们就敢于重拳出击。巴菲特如此,笔者所在的重阳投资也是如此。重阳投资

[①] 《孙子兵法·行军篇》有云:"凡处军相敌,绝山依谷,视生处高,战隆无登,此处山之军也。"

将投资标的分成 4 大类型。

1. 成功概率很高、成功后收益率中等，失败概率很低、失败后亏损率很低。
2. 成功概率很低、成功后收益率很高，失败概率很高、失败后亏损率很高。
3. 成功概率中等、成功后收益率很高，失败概率中等、失败后亏损率很低。
4. 成功概率很高、成功后收益率很高，失败概率很低、失败后亏损率很低。

怎么选择这 4 类标的呢？重阳投资创始人、首席投资官裘国根曾说："重阳做投资，进入组合的股票肯定是第一类、第三类、第四类的机会，如果发现了第四类机会，那就要重仓出击，两只脚往上站。"

当然，普通投资者不敢"两只脚往上站"，本质还是因为对于确定性机会的判断能力不够，也就是平时研究的功夫下得不到位。用孙子的原则来说，便是"蓄势"不够。**谁都想进攻，但并不是谁都能够进攻**。这背后是攻守的辩证统一。平时的守并不是躺平什么都不做，而是积极地做准备，然后等待机会。所以孙子的两句话一定要连起来读才能完整理解——"善守者，藏于九地之下；善攻者，动于九天之上。"**没有九地之下的潜藏功夫，就无法拥有九天之上的进攻能力。**

清代名将左宗棠有一副对联："发上等愿，结中等缘，享下等福；

择高处立,寻平处住,向宽处行。"上联且不论,下联深得人生攻守之道:尽量在好的学校读书,努力在一流的平台就业,这些都是"高处",在这样的高处夯实了基础,人生自然越走越宽,越走越顺。

"其疾如风,其徐如林,侵掠如火,不动如山"中同样包含这样的辩证统一。**该慢的时候慢,但是该快的时候一定要快。该藏的时候藏,但是该出手时要迅猛。这是兵家之道,也是投资之道。**相传,《孙子兵法》的这4句话在日本的影响非常大,日本战国名将武田信玄将这16个大字用金泥书写在青色绢布上,并将其作为武田军军旗,称为"孙子旗"。

在日本广播协会(NHK)拍摄的电视连续剧《武田信玄》里有这样一个情节:甲斐国来了一个中国和尚,武田信玄把他请到家里,对他说:"其疾如风,其徐如林,侵掠如火,不动如山。"

武田信玄闭上眼睛,享受着这天籁。

投资故事
和战事

本章附上两个故事,一个是巴菲特与《华盛顿邮报》的"双向奔赴",另一个是战争史上令对手胆寒的蒙古铁骑的闪电战。这两个故事将带你进一步感受什么是投资中的以勇胜怯。

故事一:巴菲特来到"女儿国"

20世纪70年代,美国股市以"漂亮50"(Nifty Fifty)行情开局,施乐、柯达、宝丽来、雅芳和德州仪器等50只股票大幅上涨,推动了一波大牛市。在股民的追捧之下,1972年,这50只股票的平均市盈率上涨到天文数字般的80倍。向来不喜欢热闹的巴菲特很苦恼,他说:"我觉得我就像一个过度好色的小伙子来到了一个荒凉的岛上。"

然而,随着石油危机的爆发,美国经济陷入滞胀困境,"漂亮

50"行情随之破灭。从1973年初开始,道琼斯指数一路下跌,从1 000点狂跌到1974年的580点,市场陷入一片绝望之中。

此时的巴菲特却兴奋了起来。1974年10月,他在接受《福布斯》的记者采访时说:"我觉得我就像一个非常好色的小伙子来到了'女儿国'。投资的时候到了。"

巴菲特把目标瞄准了著名媒体《华盛顿邮报》。当时《华盛顿邮报》的出版商是凯瑟琳·格雷厄姆(Katharine Graham),她在丈夫意外去世之后被动执掌该报社,并在一片怀疑声中率领《华盛顿邮报》跻身一流报纸之列。

1971年,《纽约时报》由于披露了五角大楼的"绝密文件"被尼克松政府告上了法庭。《华盛顿邮报》的记者随后也获得了相关的更多"绝密文件",《华盛顿邮报》的编辑、记者要求立即登载,却遭到了律师的反对,是否报道取决于凯瑟琳的一念之间。她后来回忆说自己当时非常紧张害怕,但她咬了咬牙,坚定地说了3遍"Go ahead"(就这样做吧)。次年,两名《华盛顿邮报》的年轻记者又率先将"水门事件"披露出来,并因此赢得了1973年普利策金奖——公共服务奖。这两件事为《华盛顿邮报》赢得了巨大的声誉。

1972年,《华盛顿邮报》公司的股价随"漂亮50"行情一路上涨,飙升到38美元。然而,随着牛市结束,其股价也一路下行,

05 以勇胜怯：疾如风侵掠如火

到 1973 年下跌到 23 美元。就在这时，巴菲特开始行动，他大举抄底《华盛顿邮报》公司的股票。到当年 6 月，他以 22.75 美元的均价买入 46 万多股，共耗资约 1 062 万美元。

巴菲特的大举入股引起了凯瑟琳的不安，巴菲特向她保证，伯克希尔仅仅出于投资目的入股，并且将拥有的投票权授予了凯瑟琳的儿子唐纳德·格雷厄姆（Donald Graham）代为行使，这才打消了凯瑟琳的疑虑。

在巴菲特眼中，凯瑟琳是一位非常优秀的掌门人，而《华盛顿邮报》的盈利能力非常强，即使以最保守的算法，报社的估值也有 1.5 亿美元，乐观估计则可以达到 4.85 亿美元，而 1973 年《华盛顿邮报》公司的市值只有 8 000 万美元。所以即使以最为保守的估值计算，巴菲特还是以半价买入了《华盛顿邮报》公司的股票，这笔买卖具有巨大的安全边际。

1 000 多万美元对现在的巴菲特而言是小菜一碟，但对于当时年仅 43 岁的巴菲特来说却是一笔巨大的投资。这笔投资构成了他的最大持仓，同时也是最漫长的持仓，足足长达 40 年之久。《华盛顿邮报》公司也没有辜负巴菲特的厚爱，回馈给他 90 倍的回报。

正因为在别人极度恐惧的时候，巴菲特敢于重拳出击，这才成就了投资史上这场浪漫的"双向奔赴"。

153

故事二：蒙古铁骑"来如天坠，去如电逝"

世界军事史上，若论最伟大的征服者，成吉思汗创建的蒙古铁骑必能入围三甲。1206年，铁木真统一蒙古，建立蒙古汗国，正式成为成吉思汗。随即，蒙古开始了人类历史上最疯狂的扩张。不妨看看那一系列令人瞠目结舌的征服之战。

1218年灭西辽。1219年西征花剌子模，一直打到伏尔加河流域，1225年东归。1227年灭西夏，成吉思汗在征程中病逝。1229年，窝阔台继任蒙古帝国大汗，1233年灭东夏，1234年灭金国。1251年，蒙哥继蒙古帝国大汗位。1254年灭大理国。1279年，灭南宋。

蒙古铁骑能够像秋风扫落叶一样连战连捷，其原因是多重的，但其中一个非常重要的因素便是蒙古铁骑极快的速度。

蒙古骑兵分轻重两类，轻骑兵以弓弩为主，穿轻甲或无甲，奔袭速度很快，善于袭扰敌军。重骑兵则是人马皆穿盔甲，主要武器是马槊和弯刀。在轻骑兵用弓箭破坏敌军阵型之后，重骑兵便冲锋以获全胜。

蒙古人可能是"闪电战"的鼻祖，不妨以蒙古灭金的重要战役——辽阳之战为例看一看其威力。

05 以勇胜怯：疾如风侵掠如火

辽阳之战的主角是成吉思汗手下大将哲别，没错，就是金庸小说中郭靖的师傅哲别。1212 年，成吉思汗派哲别进攻辽阳。

据《圣武亲征录》记载，哲别一开始对辽阳城发动了猛烈的进攻，可是由于城池坚固，加上骑兵不擅长攻城，因此攻城效果不佳。哲别没有一味蛮干，他决定智取辽阳。哲别假装撤退，这一退就是好几百里。金人派出军队跟踪侦察，发现蒙古军已不见踪迹，于是断定蒙古人已经撤退，就放松了警戒的力度。他们料定蒙古军队不可能在短时间内卷土重来，毕竟按常理来说，骑兵跑一天也不会超过一百里。

但是蒙古铁骑却是骑兵中的异数，哲别看到金人已经放松警惕，便率领骑兵卷土重来！他们只用了一天一夜就奔袭到了辽阳城下，杀了金兵一个措手不及，辽阳城就此被占领。蒙古骑兵为什么能够跑这么快，因为他们往往会带着备用的马匹出征，中途可以换马，这样就可以实现对敌人的闪击。

南宋的徐霆称蒙古军队"来如天坠，去如电逝"。中国近代军事家万耀煌也评论说："成吉思汗之进兵也，如飙风迅雷，千里瞬至，鹰鹯一击，往往覆敌于猝不及防。"蒙古骑兵正因其快而猛，生动演绎了《孙子兵法》所说的"疾如风""侵掠如火""动如雷震"，所到之处，敌人闻风丧胆。

06

以稳克险：
以正合，以奇胜

投资中该如何做到以稳克险，"永远留一手"？

巴菲特：
我们严格遵守保留足够现金的原则。

孙子：
凡战者，以正合，以奇胜。故善出奇者，无穷如天地，不竭如江海。

06 以稳克险：以正合，以奇胜

遇到机会要敢于押上，但这是不是等于 All IN 呢？答案是"否"。原因何在？因为世界在本质上是不确定的，黑天鹅事件时有发生。黑天鹅事件虽然发生概率极小，但是在每个人的职业生涯或者一生当中，仍然时有发生，而且一旦发生后果不堪设想。在数学上，即使你有 90% 的胜率，赔率高达 10 倍，凯利公式[1]也会告诫你不要 All IN。因为胜率高达 90%，意味着你仍然有 10% 的可能性输掉。[2]通俗地讲，就是中国的老话："不怕一万，只怕万一。"

---

[1] 在概率论中，凯利公式是一个在期望净收益为正的独立重复赌局中，使本金的长期增长率最大化的投注策略。——编者注
[2] 关于世界的不确定性可以参见《财富是认知的变现》第 11 章——以"谨慎小心"破解"黑天鹅"。

那么应对黑天鹅事件的办法是什么呢？便是永远留一手。巴菲特严格遵守"保留足够现金"的原则，伯克希尔－哈撒韦公司承诺始终维持最少 100 亿美元的现金储备，而实际上这一数字常常不少于 200 亿美元。这么做有两个好处，一是在发生危机的时候，不至于因为现金流断裂而陷入险境，避免做噩梦；二是在危机发生的时候，泥沙俱下，有现金在手，便可以抄底价格超跌的好资产。这便是攻守兼备之道。

《孙子兵法》也有"永远留一手"的智慧，它集中体现在分兵法则之中。"凡战者，以正合，以奇胜"。双方交战，先以正兵参与会战，然后在关键时刻投入奇兵，这后出的奇兵往往能起到制胜的效果。需要注意的是，这里的"奇"是奇数的奇，而不是奇怪的奇，应该念 jī 而不是 qí。"奇"跟"正"相对，先安排好对阵的是正兵，剩下的是奇兵。

兵分"奇正"是《孙子兵法》的精髓。"善出奇者，无穷如天地，不竭如江河"，**懂得使用奇兵的人就像天地江海一样变化无穷，永远让敌人捉摸不透。**"奇正"不是刻板的二分法，奇正之间可以相互转化，就好像一个圆一样循环变化没有终点，可以无穷无尽。最好的例子是韩信的背水一战，它表面上看是孤注一掷，细看却暗藏很多机巧，这些机巧就是通过分兵造成奇正变化，真真假假，打乱敌人的阵脚。项羽突破垓下之围后仅剩 28 名骑兵，在被逼入绝境之时依然保持分兵之势，虽然没能逆天改命，但不失兵法之道。那么具体如何分兵？投资中又如何做到"永远留一手"？我们来听听三位先生的精彩讨论。

留住备用金，才能进退有度

聪明人和高杠杆的组合往往会以惨败收场。

孙　　子：上次沃伦和查理谈到机会来了要敢于出击，"踏上两只脚"，但我知道你们都是非常谨慎小心之人，所以我想追问一下，重拳出击有没有限度，是否要把全部身家都押上去？用现下时髦的话说，是否该 All IN？

巴菲特：这是个好问题，也是个非常重要的问题，我的确说过"当天上下金子的时候，应该用大桶去接"，但是并不主张大家孤注一掷 All IN。

孙　　子：既要大胆出击又不要 All IN，那么科学、合理的做法应该是什么？

巴菲特：我可以介绍一下我和查理的做法。"在伯克希尔－哈撒韦公司，我们严格遵守保留足够现金的原则。我们伯克希尔－哈撒韦公司承诺，将始终维持最少 100 亿美元的现金储备，为此我们通常持有最少 200 亿美元现金。"而且事实上我们的现金还在不断增加。

孙　　子：最新的现金储备量是多少？

巴菲特：我在 2022 年的致股东信中披露过最新数字，伯克希尔－哈撒韦公司的资产负债表中包括 1 440 亿美元的现金和现金等价物。其中，1 200 亿美元以美国国债的形式持有，全部在一年之内到期。在这封信中，我和查理升级了承诺，伯克希尔－哈撒韦公司将始终持有超过 300 亿美元的现金和等价物。

孙　子：什么是现金等价物？

密斯特舒：我来解释一下，现金等价物就是随时可转换为定额现金的资产，它具备即将到期、利息变动对其价值影响微小等特性。通常，投资日起 3 个月到期或清偿的国库券、商业本票、货币市场基金、可转让定期存单等都可以列为现金等价物。沃伦持有的现金等价物主要是美国国债。为什么要持有现金等价物呢？因为它相比于持有现金会多拥有一笔利息收入，美国国库券有 3 个月、6 个月、12 个月及 4 周和 8 周这几种期别，2022 年的时候，美国 3 个月期国库券的收益率为 2.50%；6 个月期为 3.05%；1 年期则为 3.20%。虽然利息收益并不高，但是总比没有要好。

孙　子：在沃伦的总资产中现金的占比是多少呢？

密斯特舒：从 2008 年到现在，沃伦手里的现金比例一直在提高，从 11% 提高到现在的 18%。随着美股价格一直上涨，沃伦一直在做减仓动作。2005 年是现金比例最高的时候，高达 26%。

孙　子：了解了，那为什么要留这么多现金在手上呢？

巴菲特：就如我在 2022 年的致股东信中所写，"这笔巨款并不是爱国主义的疯狂表现。查理和我也没有失去对企业所有权的压倒性偏好。事实上，80 年前，也就是 1942 年的 3 月 11 日，当我购买了三股美国城市服务公司优先股时，我第一次表现出这种热情。它们的成本是 114.75 美元，花费了我所有的积蓄。（当天道琼斯工业平均指数收于 99 点，这一事实应该是在向你喊话：永远不要做空美国。）在我最初遭受亏损之后，我总是将至少 80% 的净资产投资在股票上。在那段时间里，我最青睐的状态是 100%，现在仍然如此。伯克希尔－哈撒韦公司目前在企业中有 80% 左右的仓位，是我未能找到符合我们长期持有标准的整个公司或其中一小部分（即可销售的股票）的结果。"

孙　子：也就是你并不希望保留这么多现金，只不过没有合适的标的可投？

巴菲特：可以这么说，当然也有其他的考虑。

孙　子：哪些考虑？

巴菲特：总体来说这么做有以下两个好处：

第一个好处是，"我们经常持有的几百亿现金资产，它们的确只产生很低的收益。但至少我们睡得很安稳。"

第二个好处，即"一旦爆发经济危机，其他公司都为生存而挣扎，而我们拥有充沛的资金去发动攻势。2008年雷曼兄弟公司破产后市场一片恐慌，而我们得以在25天内投资了156亿美元"。

孙　子：也就是说大量现金让你们进可攻，退可守。

巴菲特：没错。

孙　子：我听说有的投资人善用杠杆，风格非常犀利，沃伦的做法相比起来好像显得比较老派、保守啊！

巴菲特：先生说得没错。我们在三年级都学过，不管多大的数字一旦乘以0都会化为乌有。历史表明，无论操作者多么聪明，金融杠杆都很可能带来0。对企业来说，金融杠杆也可能是致命的。许多负债累累的公司认为债务到期时可以靠继续融资解决，这种想法通常是正常的，可一旦企业本身或者全球信用出现危机，到期债务就必须如约清偿，届时只有现金才靠得住。

孙　子：是什么让你如此谨慎？有什么切身的经历吗？

巴菲特：因为查理和我看过太多类似的悲剧，比如之前密斯特舒介绍过的，2008年9月一夜之间席卷多个经济部门的信贷危机，它使整个美国甚至全球经济都濒临崩溃。这些悲剧让我们认识到："信贷就像氧气，供应充沛时，人们甚至不会加以注意，而一旦紧缺，那就成了头等危机。即使短暂的信贷危机也可能使企业崩溃。"

"我和查理不会从事任何可能给伯克希尔-哈撒韦公司带来丝毫威胁的活动。我们可不想'从头再来'。"[1]

孙　子：信贷危机具体是怎么让企业崩溃的？能否举个例子说明？

巴菲特：密斯特舒不妨介绍一下著名的雷曼兄弟公司的故事。

密斯特舒：这个案例很典型而且比较复杂，我们放到谈话之后再来介绍如何？

孙　子：没问题。

巴菲特：其实关于杠杆，查理有个比我更经典的比喻，查理你讲讲？

芒　格：这个比喻有点得罪人。我说的是"让聪明人破产的三个方法是：酒、女人和杠杆。不过得说明下，其中的酒（liquor）和女人（ladies）只是因为以 l 打头，是为了凑数，真正危险的只有一个，那就是加杠杆（leverage）"。

孙　子：有趣，查理不愧是"毒舌先生"！（笑）

芒　格：惭愧，我还有另外一句话，"聪明人和高杠杆的组合往

---

[1] 巴菲特于 2011 年说的这段话，所以有"我们俩加起来已经 167 岁"之语。——编者注

往会以惨败收场"。

孙　子：前一句话很俏皮，这一句很犀利。

真正的风险藏于认知之外

真正的风险因素是我们没有认知到的。

孙　子：我想知道沃伦和查理对于杠杆的排斥是否源于对事物运行规律有更深刻的认知？

巴菲特：的确可以这么说。我在 2015 年致股东的信中提到过，"如果某一年发生某一事件的概率约为 3%，那放眼一个世纪，该事件至少发生一次的概率就会是 96.6%"。

孙　子：这是想说明什么？

巴菲特：这句话想说明的是，有些风险看起来发生概率很小，但是拉长时间看我们很可能会碰到。一旦我们在没有做好防备时碰到，就可能会遭殃。不妨请密斯特舒介绍一下美股单日大跌的概率情况。

密斯特舒：好的。从历史数据来看，美股单日大幅下跌的概率并不大，单日跌幅超过 5% 的日子仅占 1992 年以来所有交易日的极小部分，但过去 30 年，该事件仍然在发生。再来看看单日跌幅超过 3% 的情况，统计数据显示，自 2012 年以来，标普 500 指数下跌超过 3% 的交易日在 2 600 多个总交易日中只有 23 天，占总天数的 0.882%。单从概率上来讲，投资者单日遇到大幅回调的可能性不大，但把时间拉长到 10 年，大幅回调几乎成了投资者必然会遇到的事。

孙　子：也就是说投资中看似大跌的日子不多，但总会被我们碰到。

巴菲特：正是如此。纽约联邦储备银行的梅格·麦康奈尔（Meg MoConnell）讲过一句很有道理的话："我们花了大量的时间去寻找系统性风险；可事实上，往往是它先找上我们的可能性更大。"

也就是说，风险很难预判。"和所有的上市公司一样，美国证券交易委员会要求我们每年都要在公开文件中登记自己的'风险因素'。然而，我并不记得阅读公开文件中的'风险'因素对于我评估业务有多大帮助。这并不是因为这些风险认定不真实，而是通常真正的风险因素是我们没有认知到的。"

孙　子：能否理解为风险是无处不在的？

巴菲特：没错。

孙　子：那我大概知道为什么你和查理对杠杆如此警惕了，因为风险无处不在，而杠杆会放大这种风险，甚至让你一夜之间财富清零。

巴菲特：完全正确。所以我首先会关注任何导致投资失败的可能性，反复强调投资最重要的有三件事："第一是尽量避免风险，保住本金；第二还是尽量避免风险，保住本金；第三是坚决牢记前两条。"投资的关键是不亏钱，一旦亏损了本金，意味着你再也回不来了。而杠杆往往是消灭你本金的罪魁祸首。反过来，"好的企业或好的投资，应该在没有财务杠杆的情况下，也能产生令人满意的回报。"

孙　子：你的观点非常深刻，如何对待杠杆反映了不同的世界观和人生观。沃伦和查理对世界的认识是谦虚的，认为世界是不确定的，所以要永远留一手，而一些著名的投资者可能对自己更为自信，所以操作更为激进。

巴菲特：可以这么理解。

以正合，以奇胜

善出奇者，无穷如天地，不竭如江海。

巴菲特：不知道投资中这种"永远留一手"的操作是不是符合先生的兵法之道？

孙　子：十分符合。

巴菲特：那么请先生也讲解一二。

孙　子：我可以用"奇正之说"来与两位的观点呼应。

巴菲特：什么是"奇正之说"？

孙　子：在我看来，"凡战者，以正合，以奇胜"。它的意思是说双方交战，先以正兵参与会战，然后在关键时刻投入奇兵，这后出的奇兵往往能起到制胜的效果。

密斯特舒：这里我帮先生做个补充说明，"奇"跟"正"相对，先安排好对阵的是正兵，剩下的是奇兵。

孙　子：密斯特舒补充得很好，很多人都读错了，虽然"奇（jī）兵"有时候也表现为大家通常理解的"奇（qí）兵"，但其内涵更为丰富。

巴菲特：为什么要安排奇兵呢？

孙　子：因为如果你把所有兵力集中在一处，就容易被敌人合围，而如果你分了一队兵力在外面，当敌人与你正面对抗，两军相持不下的时候，你的奇兵从敌人后方或者侧方杀来，敌人很可能措手不及，从而大乱，这样我方就容易取胜了。

巴菲特：有意思，这也是兵力配置上的"留一手"。

孙　子：没错，所以我说"善出奇者，无穷如天地，不竭如江河"，也就是懂得使用奇兵的人，像天地一样无穷无尽，像江海一样绵绵不绝。

巴菲特：能举个例子吗？

孙　子：韩信的"明修栈道，暗度陈仓"就是个好故事，请密斯特舒介绍。

密斯特舒：这个故事发生在刘邦与项羽争霸天下的时期。公元前206年初，刘邦率领十万起义军逼向秦都咸阳。秦王子婴投降，秦王朝就此灭亡。项羽见刘邦先入咸阳，非常不满，在刘邦大军退去后，率领四十万大军进入咸阳。他依仗兵多将广，自封西楚霸王，而将刘邦打发到偏僻的巴蜀、汉中地区（今四川和陕西南部）当所谓的"汉王"。与此同时，项羽把富庶的关中地区分封给了三个投降的秦将，以阻止刘邦重新进入关中地区。刘邦因为自己的兵力抗不过项羽，只好接受封号，前往自己的都城南郑（今属陕西）。途中谋士张良向他建议，为了麻痹项羽，把走过的几百里栈道全部烧掉，以表示不再回到关中地区。刘邦采纳了张良的建议，项羽果然不再对刘邦存有戒心。

事实上刘邦却在暗暗等待时机，同年八月，刘邦抓住有人起兵反对项羽的机会，出兵进关。这次他采纳了大将韩信的计谋，派出几百名军士去修复栈道，装出要通过栈道进军的样子。把守关中地区的秦降将章邯得知消息后，冷笑说："当初刘邦烧了栈道，结果反而阻碍自己进关。现在只派几百人去修复，不知修到何年何月！"其实，刘邦是为了迷惑对方，明面上修栈道，暗地里进兵陈仓才是真正的目的。在修栈道的同时,韩信率领大军绕道快速行军至陈仓,并快速拿下该城。章邯得知陈仓失守,大惊失色,急忙领兵去救,但已经来不及了。韩信乘胜东进,重新进入咸阳,帮助刘邦与项羽重新逐鹿天下。

巴菲特:有意思,以明修栈道的几百个士兵为正兵,以韩信大部队为奇兵,确实让敌人很难防备。

孙　子:没错。

巴菲特:不过分兵作战需要考量实力对比吗?如果我方实力大大强于对方,还需要这么分兵吗?

孙　子:同样需要。我说过"十则围之,五则攻之"的原则,也就是有十倍于敌人的兵力就可以把对方围死,不战而屈人之兵。有五倍于敌人的兵力就可以大胆发动进攻。但即使兵力优势这么大,也要注意分兵,曹操注解说:"以五敌一,则三术为正,二术为奇。"也就是说,如果有五万兵力,那就以三万兵力为正兵,以两万兵力为奇兵,配合作战。杜牧解释得更详细,说要用三分兵力攻敌的一面,留下两分兵力,观察敌人没有准备的薄弱之处,出奇制胜。他们都解释得很好。

巴菲特:这方面有什么战例吗?

密斯特舒:"侯景之乱"时王僧辩讨伐侯景的关键一战就是如此。

"侯景之乱"是中国南北朝时期南朝梁将侯景发动的叛乱事件。侯景本是东魏叛将,被梁武帝萧衍收留,因为对梁朝与东魏通好心怀不满,于548年以"清君侧"为名在寿阳(今安徽寿县)起兵叛乱,549年攻占梁朝都城建康(今江苏南京),将梁武帝活活饿死,掌控了梁朝军政大权。侯景起兵后相继拥立又废黜了三个傀儡皇帝,最后于551年自立为帝,国号汉。梁湘东王萧绎在肃清其他宗室势力后,派王僧辩、陈霸先讨伐侯景。王僧辩率军推进到石头城北的招提寺以北,侯景则率领一万余人、八百铁骑在西州以西列下阵势迎战。

侯景集中兵力进攻梁军王僧辩的部队,王僧辩不敌,向后退却。陈霸先说:"现在是我众敌寡,应当分散他们的兵力,以强制弱,为什么让他们集中兵力与我们拼命呢?"于是派遣将军徐度率领两千名强弩手包抄到侯景的部队后面,侯景被迫后退。陈霸先率领铁骑趁势掩杀,而王僧辩也指挥大军随后杀来,侯景大败。

巴菲特:王僧辩兵力雄厚还施行了分兵,所以取得了胜利。反过来说,能否认为侯景是因兵力弱且不分兵导致失败?

孙 子:可以这么认为。

巴菲特:但是当实力弱于对方时,分兵难道不会进一步削弱自己的实力吗?

06 以稳克险：以正合，以奇胜

孙　子：实力弱于对方时，最好的办法当然是逃之夭夭，所谓"少则能逃之，不若则能避之"。但如果碰到了遭遇战，没有地方可躲，那也只能硬着头皮上，但是同样也要分兵，分兵了还有个策应，可以首尾相救，不分兵便是死路一条。

巴菲特：这方面又有什么战例可以说明？

密斯特舒：最悲壮的案例应当是项羽被刘邦逼到绝路时，只剩下了二十八骑，仍然分成了四队。

巴菲特：竟有这样的故事，请密斯特舒详细介绍。

密斯特舒：这个过程堪称精彩而悲壮。项羽在垓下之围中率领八百名壮士突围而出，被刘邦的汉军一路追杀，等到过了淮河时还有一百多名骑兵，到东城时只剩下了二十八名骑兵。而汉军追击的骑兵有几千人。项羽自料难以脱身，将骑兵分为三队。汉军不知道项羽身在何处，就兵分三路追击楚军。项羽就又驰马冲杀，斩杀一名汉军都尉，杀死近百名汉兵，再集合他的骑兵，仅仅损失了两个人。

最后项羽退到乌江西岸，乌江亭长停船劝项羽渡江，项羽说无颜再见江东父老。他将心爱的坐骑乌骓送给了乌江亭长，然后命令骑兵都下马步行，手持短兵器与汉军交战。最终项羽负伤十余处，自刎而死。

巴菲特：今天听到项羽之死的细节，相当震撼。

孙　　子：项羽的战术非常值得关注，你看他在突围时始终兵分几路。

巴菲特：但他还是死了。

孙　　子：项羽虽死，但他的分兵战术是对的，只不过双方实力过于悬殊。

巴菲特：有没有实力较弱但通过分兵而取得胜利的例子？

孙　　子：最典型的当数韩信背水一战的例子了。

密斯特舒：这个例子非常精彩，需要比较长的篇幅才能够讲得完整，我会在三位讨论完之后将其当作长案例单独介绍。

巴菲特：没问题，我已经初步领略到了先生奇正之学的精彩。

孙　　子：沃伦过奖，不过掌握奇正之学的确极为重要。"三军之众，可使必受敌而无败者，奇正是也。"也就是说，统帅三军，即使遭遇敌人的突然袭击，也能够立于不败，一定是运用了奇正的部署。

巴菲特：我还有个问题，奇、正两者是固定的吗？比如先出的兵为正，后出的为奇；正面的为正，侧翼的为奇。还是说两者是灵活、动态变换的？

孙　　子：这是个好问题，值得好好探讨一下。

巴菲特：请先生继续指教。

奇正之变，不可胜穷

> 以奇为正，使敌视以为正，则吾以奇击之；以正为奇，使敌视以为奇，则吾以正击之。

孙　子：我可以用一句话来概括奇正之间的关系。"战势不过奇正，奇正之变，不可胜穷也。奇正相生，如循环之无端，孰能穷之哉！"

巴菲特：怎么理解？

孙　子：我们先来看表面意思。如果将这句话直接翻译为白话文，意思是，战争态势虽然不过奇、正两种，但是它们是变化无穷的。奇正之间相互转化，就好像一个圆一样循环变化没有终点，谁又能穷尽它呢？

巴菲特：按照先生的说法，奇、正之间并非固定不变，而是动态演绎的关系。

孙　子：没错，有时候正可以变为奇，有时候奇可以变为正。我认为，历代兵家中，唐太宗李世民对这句话解释得最好，他说："以奇为正者，敌意为奇，则吾正击之；以正为奇者，敌意为正，则吾奇击之。使敌势常虚，我势常实。"也就是说，当我以奇为正，让敌人误以为是奇兵，我就用正兵攻击他；当我以正为奇，让敌人误以为是正兵，我就用奇兵攻击他。总之，要始终让敌人处于虚弱状态，而让自己处于强大的状态。

巴菲特：奇正之学听起来就已经很绕了，用起来恐怕更难，还是请先生举个实例来说明一下。

孙　子：最好的例子还是韩信的背水一战。

巴菲特：先生第二次提到这个战例了，我迫不及待要听了。

密斯特舒：我好好准备一下。

密斯特舒赞叹

永远留一手

著名的俄罗斯轮盘赌的规则是，在左轮手枪的六个弹槽中放入一颗子弹，任意旋转转轮之后，关上转轮。游戏的参加者轮流把手枪对着自己的头，扣动扳机；中枪的当然是自动退出，怯场的也算输，坚持到最后的才是胜者。旁观的赌博者则对参加者的性命压赌注。这样的游戏即使赔率再高，也不可参与。正如重阳投资创始人、首席投资官裘国根时常在公司内部提醒的那样："不做不可逆的事。"投资大师约翰·邓普顿爵士也曾明确告诫："不能过度使用杠杆，因为在你犯错的那段时间里你会被清场出局。"俄罗斯轮盘赌之所以不能参与，正因为它不可逆。

在真实生活中，就以 21 世纪的头二十几年为例，我们已经先后见证"9·11"恐怖袭击事件、2008 年金融危机、2020 年新冠疫情、2022 年俄乌冲突等"黑天鹅"事件，这些发生概率极低的事件都对股票市场及我们的生活产生了极大的冲击。这些事件无法预判，但仍可以应对，那就是"永远留一手"。

我们来看看伯克希尔-哈撒韦公司的资产负债表，其短期负债占总负债的比重非常小，大部分是保险行业的"特有负债"浮存金，以及相对健康的长期负债。"未付的亏损和损失准备金""长期借款和资本化租赁债务"两项占到了伯克希尔-哈撒韦公司总债务的一半以上。这些都是非常安全的负债，加上伯克希尔-哈撒韦公司永远持有 300 亿美元以上的现金等价物，完全可以应对需要紧急支付的情形，同时确保能在机会出现时抄底。这是巴菲特确保长期不败的重要法宝之一。

"永远留一手"对普通投资者有非常直接的启示：**除非你有超凡的判断力，否则不要轻易借钱投资，同时最好用不影响自己生活的资金来做投资**。只有这样你才能像巴菲特和芒格那样，睡个安稳觉。

投资故事
和战事

本章最后,我们再以雷曼兄弟公司的故事来看看杠杆的危险,再通过韩信背水一战的故事来感受分兵的魅力。

故事一:雷曼兄弟公司陨落记

2008年9月15日,两位职员将一块刻着"LEHMAN BROTHERS"字样的牌匾从时代广场中心的公司总部门口摘下,其中一位年纪稍大的垂头掩面,一脸悲伤。西装革履但同样垂头丧气的投行精英们一个个从他们身旁走出大楼,他们手中拿着的纸箱、文件袋、艺术品、雨伞等办公物品,几乎都无一例外地印着"LEHMAN BROTHERS"的标识。

这原本是一块金字招牌。一年前,哪怕几个月前他们都万万不会想到自己的公司会破产——这可是拥有158年历史,经历过美国

06 以稳克险：以正合，以奇胜

南北战争、第二次世界大战、美国经济大萧条以及"9·11"恐怖袭击等事件，被视为有"九条命"的美国第四大投资银行。"大而不倒"的历史规律这次没能保护它。

宣告破产前一天，美联储前主席本·伯南克（Ben Bernanke）致电雷曼兄弟公司掌舵人理查德·福尔德（Richard Fuld）："福尔德，别怨我。之前美联储对金融机构的隐形救助协议已经激发了道德风险。因此我们一致决定，选择一家影响力足够震慑市场的鲁莽机构开刀，主动放弃对它潜在的一切承诺，让它彻底倒闭，借以警示所有市场参与者不要再心存幻想。实际上，雷曼兄弟公司只不过在错误的时间被选择了。"

这像是美国版的"挥泪斩马谡"。雷曼兄弟公司到底犯了怎样的错误以至于落到这样的下场呢？

1850年，德国移民、卖牛商人之子亨利·雷曼（Henry Lehman）和他的两个弟弟伊曼纽尔·雷曼（Emanuel Lehman）和迈耶·雷曼（Mayer Lehman）合伙创立了雷曼兄弟公司。公司从棉花交易开始逐步扩大版图，在不久后切入金融投行业务。

推崇狼性文化和敢于冒险是雷曼兄弟公司根深蒂固的基因，这点尤其在最后一任董事长福尔德身上体现得淋漓尽致。正是在他的带领下，雷曼兄弟公司从一家原本仅从事债券业务的小公司成长为可以与高盛集团、摩根士丹利一较高下的优秀投行。福尔德本人也被评为"华尔街的斗牛犬"。

但也正是福尔德把雷曼兄弟公司带入了深渊,而直接的触发因素便是次贷危机。美国自20世纪90年代末以来,随着利率不断走低,资产证券化和金融衍生产品创新速度不断加快,加上弥漫在全社会的奢侈消费文化和对未来繁荣的盲目乐观,普通民众通过借贷超前消费成为社会时尚。尤其是当时市场推崇房地产市场只涨不跌的神话,大量不具备还款能力的消费者纷纷通过按揭手段,借钱涌入住房市场。这便是次级贷款的由来。所谓次级贷款,简单说就是银行向信用程度较差和收入不高的借款人提供的贷款。在金融监管放松的背景下,美国的大小金融机构都被诱人的泡沫吸引了,而且大量使用杠杆。雷曼兄弟公司便是其中的代表机构之一。

2008年9月15日,雷曼兄弟公司申请破产保护时,杠杆率高得令人咋舌。雷曼兄弟公司提交给美国证券交易委员会的报告显示,其杠杆率逐年攀升,2004年为23.9∶1,2005年为24.4∶1,2006年为26.2∶1,2007年底之前,更是跃升至30.7∶1。这么高的杠杆率意味着其标的资产的细微变动都会带来巨大的收益或者灾难性的后果。以30倍的杠杆率为例,如果标的资产上涨1%,那么就可以获得30%本金的收益,但是如果标的资产下跌3.3%,则意味着你的本金将被清零!

次贷危机袭来,美国资产价格暴跌。正是这极高的杠杆率击溃了雷曼兄弟公司。

故事二：韩信背水一战的奥秘

我们从小就读过背水一战的故事，在遇到重大挑战的时候经常拿它来自我激励或勉励他人。事实上，在读了《孙子兵法》后再去仔细地阅读这个故事，我们会获取更多的信息，它绝不是一种盲目的勇气宣誓，而是蕴含了高超的战术。不妨来细看一下这仗是怎么打的。

韩信和张耳率几万大军攻打赵国。赵王歇和成安君陈馀将兵力聚集在井陉关的隘口，军容盛大，号称二十万大军。广武君李左车向成安君献策，自愿领军三万人，从小路去拦截韩信的粮草、军需补给等；同时，李左车让成安君带着大部队深掘战壕，高筑营垒，坚守阵地，不要出兵和韩信交战。这样一来韩信就会落到想战不能、想退也不行的地步。李左车向成安君保证："只要不到十天工夫，韩信和张耳的头颅就可以挂在您的军营前了。希望您考虑臣的计策。否则，我们一定成为他们二人的俘虏。"

成安君仗着自己军力远胜过韩信，对广武君的计策不屑一顾。"我听兵法这样说过：有多于敌人十倍的兵力，那么就包围他们；有多于敌人一倍的兵力，就可以和他较量一番。现在韩信的兵力号称有几万，其实不过几千人罢了，竟然跋涉千里来攻打我们，必定是强弩之末了。面对这样的情势，我们反而回避不去正面攻打他，以后如果有比韩信更强大的敌人前来，我们要怎样去战胜他们呢？如果照你所说的那样坚守营垒，不出战，其他的诸侯就会说我们胆怯、懦弱，就会轻易地来攻打我们了！"

韩信派人在暗中探听消息，得知李左车的计策没有被成安君采纳，才敢大胆地带着部队向那狭长的隘路进军。在离井陉关隘口三十里的地方，韩信停下大军安营扎寨。到了半夜，韩信发出突袭的命令，选出两千名轻骑兵，每人拿着一面红色的汉军旗，从小路上山，隐蔽在山上观察赵军，等候时机及号令。他又命令副将传令开饭，并告诉他们："今天在攻破了赵军之后，我们办一场宴会！"将士们对韩信的豪言壮语将信将疑。

之后韩信派一万人做先头部队，开出营寨，面向赵军，背向河水，排开了阵势。自己则登上战车，插上大将旗号，敲起战鼓开出井陉关的隘口。这样的布阵让自己陷于没有退路的绝境，也似乎犯了兵法的大忌。赵军见状大笑，倾巢出击，都想一举拿下韩信。韩信故意大败，丢旗弃鼓，退到排在河边的军阵之中。知道自己没有退路的汉军只得拼死一搏，一时间赵军竟也攻打不下。此时，韩信事先派出的两千轻骑兵见赵军已如此前预料的那样全营出动，便冲入赵军营垒，把赵国的旗帜都拔了，竖起了两千面汉军的旗帜。赵军回头一看，营帐上全是汉军的红色旗帜，兵将们大惊失色，以为汉军已经虏获了赵王和他们的将领，顿时大乱，纷纷逃跑。汉军两面夹攻，大破赵军，在泜水边斩了成安君，活捉了赵王歇。

这一战显示出韩信和赵军应敌战术的根本差异，韩信有效进行了分兵，有正有奇，而且奇正相互转化，在河边与赵军主力拼杀

06 以稳克险：以正合，以奇胜

时，河边的兵力是正兵，埋伏在赵军身后的两千人是奇兵。当这支奇兵夺下了赵军营地回身冲杀时，这支部队就变成了正兵，而河边之部分兵力变成了奇兵。反观赵军，拒绝了广武君的建议后，二十万军马变成了僵化的死军。不懂分兵的代价可谓惨痛！

"奇正之变，不可胜穷也。奇正相生，如循环之无端，孰能穷之哉？"孙子此言不虚。

07

以变克僵：
兵无常势，水无常形

面对条件变化,投资的原则是什么?

巴菲特:
战术应按实情灵活调整。

孙子:
兵无常势,水无常形,能因敌变化而取胜者,谓之神。

07 以变克僵：兵无常势，水无常形

进行到这一章时，三位先生已经探讨了6个重要环节，我们稍作回顾。

第1章"以优胜劣"谈的是要买符合产业发展趋势、由好的管理层来经营的企业。

第2章"以逆克顺"谈的是要避开行情火热的时候，在没人买的时候买，即"在别人贪婪时我恐惧，在别人恐惧时我贪婪"。

第3章"以慢制快"谈的是不要看到好东西就着急冲上去，不妨静等竞争格局改善、企业垄断地位确立或者管理层优化之后再出手。

第 4 章"以少胜多"谈的是不要贪多或过度分散，贪多嚼不烂，很多时候少即是多。

第 5 章"以勇胜怯"谈的是当机会来了行动要快，而且也要敢于押上，踏上两只脚。

第 6 章"以稳克险"谈的是永远要懂得留一手，因为世界始终充满不确定性，"黑天鹅"事件无处不在，只有留一手才能实现进可攻退可守。

明眼人定能看出其中的多个矛盾点：既要顺势也就是符合产业发展趋势，又要求操作上逆势；既要以慢制快，又要在机会来了的时候快而猛；既要敢于押上，又要永远留一手。如此矛盾，到底应当如何操作？有没有一个统一的指引标尺？

其实，《孙子兵法》有云："兵无常势，水无常形"，**能根据敌情的变化而变化，从而取得胜利，才称得上高明。**兵法中的变化非常多，包含"十二诡道"："能而示之不能，用而示之不用，近而示之远，远而示之近；利而诱之，乱而取之，实而备之，强而避之，怒而挠之，卑而骄之，佚而劳之，亲而离之。"后人将这"十二诡道"演化成"三十六计"。当然，**所有的变化不是为了变而变，变的背后有不变的宗旨。这一宗旨就是"避实而击虚"，通过一系列变化使敌人露出破绽和薄弱之处，然后予以痛击。**

回到投资上，巴菲特和芒格也十分善于变化，巴菲特说"战术应按实情灵活调整"，芒格说"当条件变化了我们也要变化"。在对待具体行业的态度、持股时长以及投资方法上，他们的做法都发生过许多变化，从而产生某些看起来自相矛盾的现象。其实投资中的这些变化也是有原则的，万变不离其宗，最终都会回到以合理的价格购买优秀公司的根本上来。**能做到形变而神不变，才是真正的高手。**

我们继续来听三位先生的精彩对谈。

兵者诡道

兵无常势，水无常形，能因敌变化而取胜者，谓之神。

巴菲特：上次跟先生对话后，我也进行了思考，之所以要分兵，要有奇正，是因为只有分了之后才能灵活变化，而一旦有了变化，敌人就猜不透你的真正意图，你就能够出其不意、攻其不备。而如果不分兵，敌人一眼就能看穿你的计划，你自然也就难以取胜。所以分兵只是手段，变化才是核心。不知道这样理解对不对？

孙　子：沃伦的理解完全正确，用我的话说便是"兵无常势，水无常形，能因敌变化而取胜者，谓之神"。

巴菲特：请先生详解。

孙　子：这句话的意思是说，用兵没有固定不变的态势，就像流水没有固定不变的形态一样。能根据敌情的变化而变化从而取得胜利，才称得上高明。

巴菲特：相当精彩。那么如何具体展开这种变化？

孙　子：这要讲起来就多了，我举8个原则吧，密斯特舒还是负责举例。

密斯特舒：没问题。

孙　子：第一，"能而示之不能，用而示之不用"，有能力可以装作没有能力，实际上要攻打可以装作不攻打。

密斯特舒：这一原则的典型例子就是我们前面已经讲过的李牧，明明有作战能力却十年不出战，熬到匈奴人急躁起来，他才出战，从而一举获胜。

孙　子：第二，"近而示之远"，要攻打近处却装作攻打远处。

密斯特舒：这一原则的典型例子是吴越争霸，吴越两国陈兵在夹水两岸，越国将领分了两队人马到左右两边，相距五里，白天黑夜随机敲鼓，吴军将领分不清越军到底将从哪里进攻，也只好把士兵分散到两头，不料越军却从中间悄悄渡江而来，吴军大败。

孙　　子：第三，"远而示之近"，要攻打远处却装作攻打近处。

密斯特舒：韩信击败魏王豹时，布置小部分兵力在临晋，假装要从这里渡河，实际上却率大队人马绕道去了远处的夏阳，然后用木罐制作成筏子渡河，打了魏王豹一个措手不及。

孙　　子：第四，"利而诱之，乱而取之，实而备之，强而避之"，对方贪图什么就用什么诱惑他，设法使对方混乱，然后再趁机攻取他，对方强大就先防备或者回避。

密斯特舒：这一原则在前面李牧和李世民的例子里也都有体现。

孙　　子：第五，"怒而挠之"，对方将领暴躁易怒就可以用激将法使他愤怒。

密斯特舒：楚汉相争时项羽委任曹咎守成皋，并嘱咐他务必不能出战。汉军就挖了一个高台，天天辱骂楚军，曹咎忍无可忍率军渡汜水，想痛击汉军，结果却被汉军来了个"半渡而击"，楚军大败，曹咎自杀而死。

孙　　子：第六，"卑而骄之"，对方谦卑就先使他骄傲自大。

密斯特舒：前面我介绍过吴国"数胜而亡"的故事。越国战败后，越王勾践将天下第一美女西施献给吴国夫差，夫差从此沉迷美色，同时麻痹大意，觉得越国不足为惧。而勾践却将谦卑装到了底，像奴婢一样给夫差牵马、喂马。夫差认为勾践真心归顺了他，于是放勾践回国。勾践开始

"卧薪尝胆",用十年的时间使越国成为强国,最终打败吴国,并迫使夫差自杀,这便是"卑而骄之"。

孙　子: 第七,"佚而劳之",对方精力充沛就设法使其劳累疲倦。

密斯特舒: 这一原则的典型例子是伍子胥"三师疲楚"的故事。吴王阖闾一直想征伐楚国,但是当时楚国实力强于吴国。楚国叛将伍子胥献计说:"可以把军队分成三部分。先以一师出击,他们肯定尽数而出,我们就马上撤退。等他们撤退了,我们再换一师上去。他们出来,我们再撤退。这样反复调动其军队,想方设法让他们误判、疲于奔命,然后我们三师尽出,一定能够攻克他们。"

这就是所谓的"三师疲楚"计划,在常年的骚扰之下,吴国如愿使得楚国军队疲于奔命,实力大幅削弱。之后吴军发动总攻,攻陷了楚国都城郢。

孙　子: 第八,"亲而离之",如果对方内部紧密团结,那就通过挑拨离间让敌人分化。

密斯特舒: 这一原则的典型例子在中国历史上太多了。比如秦国攻打赵国时,老将廉颇知道秦军的厉害,坚守不出。秦军一直拿他没办法,就派间谍在赵国散布谣言,说廉颇很好对付,秦国最担心的是赵国使用赵括为将。赵王就中计了,撤换了廉颇换上赵括。谁知赵括虽是名将之后且熟读兵书,却是个纸上谈兵之徒,导致在长平之战中30万赵军全军覆灭。

07　以变克僵：兵无常势，水无常形

巴菲特：作战的方法真是变化多端。

孙　子：这就是我说的"兵者，诡道也"，用兵的精髓就在于千变万化、出其不意。回到我们最初说的，就是"兵无常势，水无常形"。

密斯特舒：我补充一下，后人把孙先生的这些变化合称为"十二诡道"，而且在此基础上衍生出了在民间广为流传的"三十六计"。

巴菲特：有意思。

攻其不备，出其不意

故善攻者，敌不知其所守；善守者，敌不知其所攻。

巴菲特：我继续请教，这么多变化的精髓是什么？

孙　子："故善攻者，敌不知其所守；善守者，敌不知其所攻。微乎微乎，至于无形；神乎神乎，至于无声，故能为敌之司命。"善于进攻的人，能使敌人不知怎么防守；善于防御的人，能让敌人不知道怎样进攻。要微妙到看不出一点迹象，神奇到听不到一点声音，这样，就能主宰敌人的命运。

巴菲特：虚虚实实，中国古典哲学相当神奇。

孙　子：我还有段话:"故形兵之极,至于无形。无形,则深间不能窥,智者不能谋。因形而错胜于众,众不能知;人皆知我所以胜之形,而莫知吾所以制胜之形。故其战胜不复,而应形于无穷。"

巴菲特：这段话听起来更玄妙了,不知是何意?

孙　子：这段话是说,根据敌情而取胜,有时即使把胜利摆在别人面前,别人还是看不出来。人们只知道我是根据敌情变化取胜的,但是不知道我是怎样根据敌情变化取胜的。所以每次胜利,都不是重复老一套的方法,而是适应不同的情况,变化无穷。

巴菲特：我大概懂了,变化是为了迷惑敌人,从而为自己创造机会。但是这么多变化让人眼花缭乱,它们有没有共同的规律或者说宗旨?

孙　子：好问题。的确,变化不应当为了变而变,而要围绕着一个目的展开。

巴菲特：什么目的?

孙　子：这个目的就是"攻其无备,出其不意"。要进攻就在敌人没有防备的时候进攻,或者进攻敌人没有防备的地方。

密斯特舒：我来举个例子。唐朝李靖征伐萧铣时,李靖陈兵夔州,正值八月,萧铣觉得当时正是秋季大水,三峡路险,李靖必定不能进军,所以没有防备。结果李靖却认为兵贵神速,机不可失,坚决进军,打了对方一个措手不及,萧铣只好乖乖投降。

巴菲特:因为敌人没有防备,所以就不会遭遇强有力的抵抗,也就容易取胜。

孙　子:没错。反过来也一样,作战首先是要避开对方实力坚固的地方,所谓"无邀正正之旗,勿击堂堂之陈"。也就是说,如果敌方军容严整、部署严密,那么哪怕我们自己做好了万全准备,也最多打个平手,并没有多少胜算。所以,在这种情况下自然不能贸然出击。

巴菲特:这个说法很新颖,也请先生用案例说明。

孙　子:密斯特舒可以介绍曹操打袁尚的故事。

密斯特舒:曹操围邺城时,袁绍的儿子袁尚带兵来救,曹操跟手下将领说,如果袁尚从大路而来,我们要回避;如果从西山过来,他们就要被我们擒住了。结果袁尚从西山而来,曹操果断派兵出击,大破袁尚。曹操用的就是我说的这个道理。

巴菲特:曹操懂得避开敌人之实。

孙　子:曹操不光知道"避实",而且懂得"击虚"。他知道如果敌人从大路来,那就是"堂堂之师不可击",从西山而来就是因为实力不够所以偷偷摸摸。

巴菲特：避实而击虚，二者结合起来才是完整的作战哲学。

孙　子：没错，回到前面我们谈过的水的智慧，"夫兵形象水，水之形避高而趋下，兵之形避实而击虚"。之所以说水很聪明，也是因为它懂得避实而击虚。水如果从低处往高处冲，那只能碰壁而回，只有从高处往低处冲，才能势如雷霆，无所不摧。

巴菲特：所以千变万化最根本的原则是"避实而击虚"。

孙　子：正是如此，所以万变不离其宗，所有的变都是为了迷惑敌人，进而削弱敌人，然后发动雷霆一击。

巴菲特：精彩！

巴菲特：有意思，我们在投资时也应该借鉴兵法的变化之道。

孙　子：也该沃伦和查理讲讲了。

条件变了，我们也要相应改变

投资犯错不可怕，最重要的是不能连续犯错。

巴菲特：有些人以为我和查理一把年纪了，肯定是老顽固，不喜欢改变，其实不然，我们也讲究变化。我的说法是："战术应按实情灵活调整。"查理也有自己的版本。

07 以变克僵：兵无常势，水无常形

芒　格：我的说法是"当条件变化了，我们也要变化"。

孙　子：这简直就是兵法的翻版，也请两位用投资案例来说明吧。

巴菲特：比如我个人的投资方法就经历了重大的变化，不妨请密斯特舒介绍一下。

密斯特舒：沃伦早年恪守老师格雷厄姆的投资方法，努力在市场中寻找极为便宜的股票——这样的股票相当于扔在地上的烟蒂，虽然没多大意思了，但捡起来还可以勉强抽几口，他将这种方法概括为"烟蒂股"投资策略。

孙　子：有趣，有没有沃伦"捡烟蒂"的具体例子？

密斯特舒：1956年，沃伦买进邓普斯特农机制造公司（简称邓普斯特），用的就是捡烟蒂策略。当时该公司股价为20美元，每股净资产却达到了75美元，每股净流动资产都有50美元，相当于打2.5折出售。到1961年，沃伦已经持有该公司70%的股份，最终买入的均价是28美元，自己也成为该公司董事长。邓普斯特这么便宜是有原因的，因为该公司不能盈利。沃伦若想赚钱，要么找人接盘，要么清算公司资产，因为买得足够便宜，清算也能赚不少钱。

到1962年，邓普斯特已经濒临破产。最终查理给沃伦介绍了一位首席执行官——哈里·波特尔（Harry

Bottle）。波特尔卖掉多余设备，大幅削减库存，提高独家供应商品售价，建立成本控制系统，还裁了 100 人，给公司释放出了大量现金。

1963 年沃伦决定卖掉公司剩余生产线，处理掉整家公司。然而这家公司是当地最大的用工企业，沃伦的行为触怒了当地居民，大量居民处在怒火之中，甚至要举起草叉包围沃伦，骂他是"可恶的吸血鬼"。后来经过政府和居民的共同努力，他们筹到了 300 万美元，买走了邓普斯特的运营资产继续经营，沃伦也把公司剩余的现金资产和投资组合清算掉，最终自己在这笔投资上赚了两倍的回报。

孙　子：看来"捡烟蒂"确实不是一个好的策略。

密斯特舒：没错，所以后来沃伦放弃了这个策略，从以很便宜的价格买二流公司转变为以合理的价格买优秀的公司并长期持有。这是沃伦投资思路的最重要转变，而这一变化恰好是查理促成的。

巴菲特：密斯特舒介绍得没错，"查理让我以火箭般的速度从猩猩进化到人类，否则我会比现在贫穷很多"。

芒　格：这是沃伦的客气话，其实我们起初都是格雷厄姆的信徒，也取得了不错的成绩，但慢慢地，我们拥有了更好的投资眼光。

"我们发现，有的股票虽然价格是其账面价值的两三倍，但仍然是非常便宜的，因为该公司的市场地位隐含着成长惯性，比如，里面的某个管理人员可能非常优秀，或者整个管理体系非常出色。一旦我们突破了格雷厄姆的局限性，用那些可能会吓坏格雷厄姆的定量方法来寻找便宜的股票，我们就开始考虑那些更为优质的企业。顺便说一声，伯克希尔－哈撒韦公司数千亿美元资产中的大部分来自这些更为优质的企业。最早的两三亿美元的资产是我们用盖格探测器四处搜索赚来的，但绝大多数钱来自那些伟大的企业。"

孙　子：两位真是一拍即合。除了理念变化，在具体操作上两位有什么变化吗？

巴菲特：比如，对于持股时长的问题，很多投资者都很关心，我和查理的基本态度是"如果你不愿意拥有一只股票10年，那就不要考虑拥有它10分钟"，我还说过"我们偏爱的持股期限是永远"。但事实上，在操作中我也不会固守这样的态度。"我们没有承诺伯克希尔－哈撒韦公司将永远持有任何有价证券。"

孙　子：你有过很短线的操作吗？

巴菲特：当然有，请密斯特舒来介绍吧。

密斯特舒：1966年，沃伦以大约每股0.31美元的价格买入华特迪士尼公司的股票，一年后以 0.48 美元卖出，年回报率为 54.84%。

在 2011 年第三季度，伯克希尔－哈撒韦公司以每股 20 美元买入英特尔，并于 2011 年第四季度以每股 24 美元全部抛出；在 2012 年第一季度，伯克希尔－哈撒韦公司以每股 24 美元买入英特尔，又在 2012 年第二季度以每股 28 美元抛出。

最新的例子是在 2022 年第三季度，沃伦大手笔买入台湾积体电路制造股份有限公司（简称台积电），一度购入了约 6 000 万份台积电在美国的存托凭证，一出手就是 41 亿美元，可到了 2022 年第四季度，沃伦就后悔了，一下子把持有的台积电仓位减到只剩下个零头，来了个清仓式减持。

孙　子：看起来沃伦的"一夜情"还不少啊。（笑）

巴菲特：让先生见笑，确实有过那么几回。（笑）

孙　子：这种做法明显违背沃伦的原则，为什么会这样做呢？

巴菲特：不得不承认，有时候我和查理也会看走眼。

孙　子：人非圣贤，孰能无过，可以理解。不过我想顺便问一句，除了看走眼的情况，你有没有经过深思熟虑的卖出行为？

07　以变克僵：兵无常势，水无常形

巴菲特：当然有。"有时市场也会高估一家企业的价值，在这种情况下，我们会考虑把股份出售，另外有时虽然公司股价合理或甚至略微低估，但若是我们发现有更被低估的投资标的或是我们觉得比较熟悉了解的公司时，我们也会考虑出售股份。"

孙　子：所以沃伦所说的"永远的持股期限"也只是一种原则，实操中也经常变通。

巴菲特：没错。还是我前面说过的"战术应按实情灵活调整"。

孙　子：除了投资时长的变化外，还有其他变化吗？

巴菲特：我们关于科技股的态度也发生过变化。

密斯特舒：通过前面的对话，我们已经知道沃伦和查理对科技股一直持怀疑的态度。尤其在科技股最受欢迎的20世纪90年代，他们始终拒绝投资科技股，沃伦甚至还用他的毒舌讽刺过买科技股的行为，他说："如果你把葡萄干和大便混在一起，你得到的还是大便。"为此他们在当时承受了很大的业绩压力，但是伯克希尔-哈撒韦公司在2011年买入IBM，后来又买入苹果公司、亚马逊等科技股，尤其是苹果公司更成了沃伦的心头最爱。截至2019年9月底，伯克希尔-哈撒韦公司持有苹果公司2.5亿股股票，成为苹果公司的第一大股东，苹果公司也不负众望，为伯克希尔-哈撒韦公司带来了巨额收益。

巴菲特：密斯特舒提到的这件事令我汗颜，亚马逊是我们手下的基金经理买的，我们后悔没有更早购买，"我是贝佐斯的粉丝，但我一直是个傻瓜，因为我没有买亚马逊的股票。"

芒　格：我也差不多，对于没有购买谷歌的股票，我只能说："我们只是坐在那里吮吸我们的拇指。我们感到很惭愧。"

孙　子：沃伦和查理不但善于灵活变通，而且还非常坦诚，勇于承认错误，这很难得。

芒　格：及时纠错非常重要，"我们常常需要改变错误的决定。可以说，这是让生活沿着正确的轨道运行的重要一部分。人孰能无错？如果你能及时认识到错误并采取补救措施，常可以化腐朽为神奇。"

孙　子：我还记得前面查理所说的，"条件变了，我们也要相应改变"。

巴菲特：是的，"投资犯错不可怕，最重要的是不能连续犯错，要及时止损"。

芒　格：很多人不愿意放弃自己的旧观念，其实"及时、快速放弃自己原有的理念是最宝贵的品质之一"。

投资中的"避实击虚"

变的是手段，不变的是内核。

孙　子：查理说得很精彩，我非常认同，不过这些只是变化的表现。你能否将这些变化上升到方法论的层面再进行概括呢？

巴菲特：其实我们前面已经分散探讨过了，现在稍微来回顾一下。比如"买好标的"就是挑选符合产业发展趋势并由好的管理层来经营的企业；"选准时机"就是在别人疯狂的时候卖出，在别人恐惧的时候买入；"远离喧闹"就是耐心等竞争格局改善、垄断地位确立或者管理层优化之后再出手；"把鸡蛋放在一个篮子里"就是不要过度分散，相对集中投资；"机会来时行动要快"就是抓住确定性的机会；"永远留一手"，就是手上始终保留几百亿现金等价物，确保"进可攻，退可守"。

孙　子：经过沃伦梳理后，我的思路更加清晰了。接下来的问题是，兵法中所有的变化都围绕一个目的展开，那就是要削弱敌人，实现"避实击虚"，那么投资之变是为了实现什么目的呢？

巴菲特：我想这就需要回到我们前面讲的投资哲学的核心了，那就是查理所说的"用合理的价格买优秀的公司"。上述

> 方法其实都是在等待一个契机，这个契机包含两个方面：一方面是等待我们准备投资的标的变得更优秀，其地位不再有人能够撼动；另一方面是出现一个合理的价格。

孙　子：我认为，在投资中竞争格局混乱是"实"，垄断地位确立是"虚"；价格处于高位是"实"，价格下降了是"虚"，所以沃伦说的这些其实相当于投资中的"避实击虚"。

巴菲特：完全可以这么理解。

孙　子：就像兵法中所有的变都是形式，最终"避实击虚"的本质不变，投资中的这些变也同样是手段，"以合理的价格买优秀的公司"这个内核是不变的，所以归结起来是有原则的变，或者说"变亦不变"。

巴菲特：非常同意先生的看法，我们又一次达成了共识。

密斯特舒赞叹

支配敌人而不被敌人支配

唐太宗李世民既是一位开明的皇帝，又是一位杰出的军事家，他与唐朝名将李靖有一个精彩的对话集，名为《李卫公问对》。在这本书中，李世民认为，所有兵书中当属《孙子兵法》最为杰出，而又以《孙子兵法·虚实篇》为最佳。

李世民有一段论述结合了奇正与虚实，十分精彩。这段话在前文已经出现过，李靖回应说："千章万句，不出乎'致人而不致于人'而已。"意思是说，说一千道一万，就是要支配敌人而不被敌人所支配。

李世民又说："朕观千章万句，不出乎'多方以误之'一句而已。"意思是说，我读了那么多兵书，发现关键不外乎五个字——"多方以误之"，也就是想尽各种办法引导对方犯错误，一旦对方露出破绽就是进击之时。

"致人而不致于人""多方以误之"，短短几个字就概括了《孙子兵法》的精髓，所有的奇正、虚实变化都围绕这个核心展开。兵法如此，投资也是如此。看巴菲特和芒格做投资，始终不慌不忙，不被狂热的洪流所击溃，也不被恐慌的飓风所裹挟，同时又永远保持开放与灵活性，这同样是"致人而不致于人"。

李录曾形容芒格："芒格的思维是开放性的，从来不受任何条条框框的束缚，也没有任何教条。"芒格十分重视达尔文的学说，在他看来，**能够生存下来的物种不是最强的，也不是最聪明的，而是最能适应变化的。**

但是要做到这一点很难，因为人在本质上是不愿意改变的，我们的思维很容易被许多东西锚定或者束缚，这些东西包括过去的经验、

财富善战者说

我们的身份认同、曾经投入的感情、时间以及本金等。[①] 芒格将这种思维的固化讽刺为"铁锤人倾向"——"对拿锤子的人来说,看什么都像是钉子"。

一旦我们的思维被锁定,那我们就会掉入鳄鱼的血口当中。如果一只鳄鱼咬住了你的脚,当你试图用手臂来帮脚挣脱时,鳄鱼便会同时咬住你的脚和手臂,你越挣扎,就会陷得越深,被咬住的部位也就越多。这是鳄鱼独有的捕猎方式:先是紧紧咬住不动,然后等待猎物挣扎;猎物挣扎得越厉害,鳄鱼收获得也就越多。"鳄鱼法则"告诉我们,一旦鳄鱼咬住了你的脚,如果没有旁人能够施救,那么唯一明智的做法就是牺牲掉那只被咬住的脚。

无论是兵法还是投资,都强调始终保持变通的能力。在迫不得已的情况下,认输也不失为一种明智的选择。正如重阳投资创始人、首席投资官裘国根先生所说:"**投资这一行,是机可失,时再来。**"只要保持住本金不亏或少亏,总有盈利之日。中国俗语说"留得青山在,不怕没柴烧",有时候认输才会赢。

[①] 详细论述可参照《财富是认知的变现》第 5 章——以"变亦不变"破解"锚定效应"。

投资故事
和战事

本章文末再来看两个故事,一个是巴菲特前后 10 年的持股对照,尤其是他对台积电的快速入手又退出,从中可以看到巴菲特永远保持变化的能力。另一个是第二次世界大战中盟军为了实现诺曼底登陆,几乎用尽了孙悟空七十二变般的迷惑手段。

故事一:巴菲特 10 年之变

对比伯克希尔-哈撒韦公司 2012 年和 2022 年的十大重仓股,不难发现巴菲特的进化从未停歇。2012 年,伯克希尔-哈撒韦公司的十大重仓股分别是可口可乐公司、道富银行、IBM、美国运通、宝洁、沃尔玛、美国合众银行、DIRECTV、康菲石油、卡夫亨氏。

10 年后的 2022 年,截至第三季度,伯克希尔-哈撒韦公司的十大重仓股分别是苹果公司、美国银行、雪佛龙、可口可乐公司、美国运通、西方石油、卡夫亨氏、穆迪、动视暴雪、台积电。

一向声称不喜欢科技股的巴菲特悄悄地在他的十大持仓里塞入了3只科技股：苹果公司、动视暴雪、台积电。苹果公司的案例在前文已经做过详细介绍。关于为什么重仓动视暴雪，巴菲特做过解释，他说，2022年1月大手笔增持动视暴雪股份是在看到微软宣布收购之后进行的，因为他觉得消息公布前动视暴雪每股60多美元的股价与微软每股95美元的收购价格相差太大，因而值得投资。他知道微软有足够的钱完成收购，如果交易完成，伯克希尔－哈撒韦公司将大赚一笔。这一次，巴菲特押注交易能够顺利完成，所以这是一次典型的套利交易。"偶尔当我看到这样的并购套利交易机会，就会去做。有时看起来机会对我们有利，如果交易成功，我们就能赚到钱，如果交易不成功，谁知道会发生什么。"不过到2022年第三季度，伯克希尔－哈撒韦公司已经减持动视暴雪12.1%的股份，原因在于这个收购案因受到欧洲反垄断审查而面临巨大的不确定性。这反映了巴菲特的灵活机变，既然是套利交易，那么就看短做短。

不过这毕竟不是巴菲特的主流风格，相比而言，他对台积电的投资更受瞩目。有分析认为，这很可能是继苹果公司之后真正反映巴菲特投资风格变化的又一代表作。前面我们已经介绍过，巴菲特投资苹果公司时，苹果公司已经过了创新高峰，而且智能手机市场增长放缓，到达行业天花板，甚至开始进入下行的节点。这次重仓台积电似乎遵循了同样的逻辑。2022年以来，半导体产业显著降温。随着消费电子、芯片需求显著下降，半导体产业进入下行周期。不过台积电却展现了远超同行的盈利能力，其经营利润率是40%多，自由现金流收益率（自由现金流/营收）是25%左右，而且这一自由现金流收益率是在公司一直大力扩张产能的情况下实现的，一旦减少资本开支，表现将更加惊人。

从技术上看，在先进制程上，只有台积电、三星、英特尔等寥寥几个"玩家"，英特尔实际上目前略有落后，4nm制程尚未大规模量产。而在台积电和三星之间，台积电优势更大。事实上，在5nm及以下先进制程中，三星虽然实现了量产，但代工良率都不高。以4nm制程为例，三星的代工良率仅有35%，而台积电的代工良率高达70%。三星3nm制程虽然率先量产，但目前代工良率仅为20%。在这种情况下，台积电基本上成为5nm及以下先进制程唯一合格的代工厂，大客户们纷纷转投。也就是说在5nm及以下先进制程上，台积电几乎没有对手。换句话说，台积电在先进制程上基本确立了其垄断地位。这与当年投资苹果公司的逻辑何其相似。

正当大家惊叹于巴菲特的大手笔时，不料仅仅过了一个季度，巴菲特就清仓式减持台积电，单季度减持比例达到86%。2023年4月，巴菲特在一次访谈中透露了将台积电"无情抛弃"的原因，他担心的是不受他控制的地缘政治紧张局势，而不是台积电的管理层等因素。股神再一次让外界领略了他的多变与果断。

故事二：瞒天过海的诺曼底登陆

代号"霸王行动"的诺曼底登陆是第二次世界大战中盟军在欧洲西线战场发起的一轮大规模攻势。盟军通过这一行动将300万名士兵通过英吉利海峡输送到了法国诺曼底，从此第二次世界大战的战略态势发生了根本性的变化。但是很多人不知道的是，为了计划的成功，盟军还策划了一场瞒天过海的精彩大戏。

以希特勒的军事敏锐性，他当然知道如果盟军在西线开辟第二战场对德国意味着什么。所以德军在西欧沿海建立了强大的防御工事，包括15 641个掩体及799座钢筋水泥炮台，同时埋下了800万枚地雷。盟军要想在西线登陆谈何容易！要想取得成功，盟军必须迷惑德军，使他们不知道己方将会在哪里登陆。

盟军的这出戏演得够足。英国专门成立了一个代号叫作"伦敦控制部"的机构，专门用来欺骗德国人。这个名为"保镖行动"的欺骗计划在登陆时间、兵力规模、登录方向3个方面欺骗德军。"保镖行动"的代号，取自丘吉尔对斯大林说的一番话："战争期间，真相是如此可贵，因为谎言时时充当着他的保镖。"

在北边，盟军还开展了"坚韧行动"，该行动旨在让德军相信，盟军将要入侵挪威。盟军通过设立多个虚假电台，让德军错误地认为，盟军聚集了一支大军要进攻挪威，英国第四军已经在爱丁堡磨刀霍霍，随时准备进攻。这让德军摸不着头脑，盟军进攻挪威做什么？不是要进攻法国吗？难道进攻法国只是一个幌子？

在南边，一个更大的骗局在地中海战区展开。因为盟军已经在地中海取得了立足点，站在德军的角度看，盟军从地中海继续攻击也不是没有可能。然而计中有计，盟军首先启动的是"齐柏林行动"，他们通过假电台和演习，制造了埃及第九、第十、第十二军的存在，释放信号要在巴尔干半岛展开攻击。德军本就对地中海方向十分忧心，这三个军的番号出现时，德军立刻进行了调查，调查结果让他们非常惊恐，因为这三个军真实存在。实际上，那里只有三个不满员的师罢了，所谓强大的军力，不过是一些假飞机、假坦克，甚至是假人。盟军还安排了演员克里夫顿·詹姆斯（Clifton James）伪装成伯纳德·劳·蒙哥马利（Bernard Law Montgomery），在1944年5月26日乘坐飞机抵达了直布罗陀。他在德军驻西班牙的情报机构的监视下公然现身，俨然是真正的蒙哥马利到了直布罗陀。

在中路，盟军则开展"水银行动"误导希特勒。盟军先虚构了一支番号为"美国第一集团军群"的部队。300多名报务员组成了从集团军一直到团、营之间的全部无线电通信机构，并严格按照同级别单位的日常通信量进行联络。盟军在加莱对面的多佛尔则设立了假的集团军群司令部，并使用大功率电台与各下属部队联系。

盟军为这个虚构的集团军群专门修建了军营、仓库、公路、输油管线等军用设施，并请好莱坞的道具师精心设置了假的物资囤积处、假的机场、假的飞机、假的坦克、假的大炮等。盟军又安排最骁勇的将军乔治·巴顿（George Patton）频繁现身。这让德军误以为盟军要进攻加莱，因为巴顿是盟军中攻击性最强的将领，他在哪，主攻就在哪，于是德军开始疯狂地加强加莱方向的防御。

为了彻底迷惑德军，盟军在战役前的空袭中还特别规定：盟军空军每向诺曼底投掷一吨炸弹，就向加莱投掷两吨炸弹；盟军每向诺曼底派出一架侦察机，就向加莱派出两架。

诺曼底登陆之前三小时，一支由 18 艘小艇组成的假舰队，由多佛尔出发驶向加莱。每艘小艇的后面都拖着一个木筏，木筏上装着直径达 29 英尺的大气球，气球里则安装了可以发出相当于一艘万吨级登陆舰雷达信号的雷达发射器。

经过如此精心的骗局准备，盟军终于成功骗过了希特勒，成功登陆诺曼底，实现了避实击虚的目的。它是军事史上一场巨型版的"明修栈道，暗度陈仓"。

08

以熟避生：
知可以战与不可以战者胜

投资时,如何做到"知彼知己,百战不殆"?

巴菲特:
在投资方面我们之所以做得非常成功,是因为我们全神贯注于寻找我们可以轻松跨越的1英尺栏杆。

孙子:
知可以战与不可以战者胜。

08　以熟避生：知可以战与不可以战者胜

要想领会三位先生前面所讲的 7 个环节并不容易，因为这需要一个重要的前提——知彼知己。《孙子兵法》的原文是："知彼知己，百战不殆；不知彼而知己，一胜一负；不知彼，不知己，每战必殆。"

孙子还有另外一句意思相近的话："知可以战与不可以战者胜。"知道什么仗可以打，什么仗不可以打，最终才能取胜。

知彼是认识客观的世界，知己是认识主观的自己。这两者都有很高的难度。**知彼需要不断提高各类知识和技能，知己则要诚实面对自己，剖析自己的种种认知偏差，避免成为一个"不知道自己不知道"的傻瓜。**

许多时候我们恰恰都是认知上的傻瓜，因为如芒格所总结的，我们身上起码有 25 种认知误区，它们都是"不知己"的表现，其中包括"盲目自信""避免不一致性倾向""社会认同倾向""被剥夺超级反应倾向"等，而这些缺陷深深植根于我们的进化机制当中。

为了避免沦为认知的傻瓜，巴菲特的秘诀之一是"不熟不投"，也就是坚决避开不了解的业务，哪怕是面对最要好的朋友的企业，也绝不改变这条原则。

如果把"不熟不投"进行拆分，可以变成两条原则：第一是所投资的标的要尽量简单易懂；第二是给自己划定一个"能力圈"，然后坚决不踏出这个能力圈半步。

投资的世界纷繁复杂，但是经过巴菲特这两条原则的筛选，却变得非常简单明了。正如巴菲特的妙语所形容的："在投资方面我们之所以做得非常成功，是因为我们全神贯注于寻找我们可以轻松跨越的 1 英尺栏杆，而避开那些我们没有能力跨越的 7 英尺栏杆。"

我们继续来听听三位先生的探讨，看看他们有什么妙招能够帮助我们做到知彼知己。

只做自己完全明白的事

别愚弄你自己,而且要记住,你是最容易被自己愚弄的人。

密斯特舒:通过前面几次对话,几位先生已经总结了作战与投资之道的许多精要,我感受比较深的一点是,无论作战还是投资,不仅要会识人,而且得对自己有深刻的认识,不知是否如此?

巴菲特:我同意密斯特舒的看法,投资其实无非就是做两件事情:一是了解投资的标的,二是了解自己。

孙　子:这听起来像我说的"知彼知己,百战不殆;不知彼而知己,一胜一负;不知彼,不知己,每战必殆"。了解敌人又了解自己,战斗就不会失败;不了解敌人但了解自己,胜负可能各占一半;既不了解敌人,又不了解自己,那就会每战必败。

巴菲特:非常同意,如果套用先生的话来说,就是了解标的又了解自己的人,百投不败;不了解标的而了解自己的人,胜负各半;不了解标的也不了解自己的人,每投必败。

孙　子:听起来两者的确非常契合,希望沃伦能够详细讲解一下如何在投资中运用这一道理。

巴菲特：在我看来，投资的要决之一是"不熟不投"，也就是我不了解的业务就坚决不碰。

孙　子：能举个例子吗？

巴菲特：还是请密斯特舒来介绍。

密斯特舒：关于"不熟不投"，沃伦最典型的案例要数他跟微软之间的故事了。沃伦与微软创始人比尔·盖茨是好朋友，他们的交往很有戏剧性。沃伦比比尔·盖茨大 25 岁，当朋友介绍他们认识时，他们一开始是互相抵触的。沃伦认为自己并不想与小自己很多的科技男有任何交集。毕竟，计算机不是他的领域。而比尔·盖茨也觉得花一整天与一个只会挑选股票的人在一起没什么意思。

但是两人一见面，立刻擦出友谊的火花，可以说是一见如故。沃伦曾公开称赞比尔·盖茨是当今全球商业界最聪明及最有创意的经理人，并称赞微软公司非常棒。他们一起打牌、一起旅游、一起谈论商业，后来沃伦甚至将大量资产捐给了比尔和梅琳达·盖茨基金会，价值约合 310 亿美元。

可当比尔·盖茨建议沃伦投资微软的股票时，沃伦却不为所动。不过为了友谊，他在比尔·盖茨生日的时候买了 100 股微软股票，用的还是自己的钱，而不是公司的钱。

孙　子：沃伦可真有定力，那是不是因为微软的股价表现不好呢？

密斯特舒：先生可能不太了解微软，微软是全球最大的计算机软件供应商，2021年6月23日，微软市值突破2万亿美元，是继苹果公司之后美国第二家市值突破2万亿美元的企业，比尔·盖茨曾多次蝉联世界首富。这么说吧，沃伦和比尔·盖茨第一次见面是在1991年，当年微软的股价为1美元左右，到2021年是300多美元，也就是说，30年后微软的股价是30年前的近300倍。

孙　子：这么说沃伦真是错过了一次发财良机呢。为什么沃伦一直不投资微软呢？

巴菲特：其实原因很简单，就是因为我一直搞不懂微软。"我无法很放心地去预估微软的未来盈余，无法计算微软的未来价值。"虽然我跟比尔·盖茨很熟，但是对公司业务是如何赚钱的却不熟，所以按照"不熟不投"的原则，我选择了回避。

孙　子：我很认同"不熟不投"的理念，但是现实中难道有很多人会在不了解对方的前提下做投资吗？

巴菲特：的确如此。

孙　子：为什么会这样呢？

巴菲特：因为许多人都是盲目自信的。

孙　子：怎么说？

巴菲特：这方面查理比我更有研究，请他来分享一下。

芒　格：的确如沃伦所说，"自视过高的人比比皆是"。许多人都会错误地高估自己，就好像瑞典有 90% 的司机都认为，他们的驾驶技术在平均水平之上。

孙　子：这的确有点荒唐。

芒　格：是的。过度自信还有一种表现是禀赋效应，它的意思是说，一旦我们拥有某件物品之后，对该物品的价值评估，就会比他们还没有拥有这件物品时的评价要高。或者说，一旦我们做出了某种决定，就会觉得自己的决定很好，甚至比没做出这种决定时所认为的还要好。

这样的有趣案例有很多，比如，人们通常不会客观地看待自己的孩子，而会给出过高的评价。再比如，如果捡到钱包的人根据钱包里的身份线索发现失主跟自己很相似，那么他把钱包还给主人的可能性也是最大的。

孙　子：这像是中国人说的"爱屋及乌"，查理怎么评估这种心态所带来的危害呢？

芒　格：有很多危害，比如，在买彩票时，如果号码是随机分配的，下的赌注就会比较少，而如果号码是玩家自己选的，下的赌注就会比较多。这显然是不理性的。现代人本来不会买那么多彩票，但彩票发行机构利用了人们对自选号码的非理性偏好，所以他们每次都很愚蠢地买了更多的彩票。还有，在讲究技巧的比赛中，比如高尔夫球赛或者扑克比赛，人们总是一次又一次地挑选那些水平明显比自己高很多的玩家做对手。

孙　子：我听明白了。由于盲目自信，人们往往会介入自己并不熟悉的领域，所以不知己就很难知彼。

芒　格：正是，而且从现代心理学上说，"不知己"并不仅仅表现在盲目自信上，还有许多的其他表现。

孙　子：愿闻其详。

芒　格：我曾经总结过人类的 25 种认知误区，它们都是"不知己"的表现，其中除了盲目自信，还有"避免不一致性倾向""社会认同倾向""被剥夺超级反应倾向"等。

孙　子：听起来有些复杂。

芒　格：其实说复杂很复杂，说简单也简单，如果用一句话总结我在这方面的观点，那就是"最重要的是，别愚弄你自己，而且要记住，你是最容易被自己愚弄的人"。

巴菲特：我非常同意查理的看法，用我的话来说："如果你是池塘里的一只鸭子，由于暴雨的缘故水面上升，你开始在水中上浮。但此时你却以为上浮的原因是你自己，而不是池塘水位上升。"很多人往往会这样，但我跟查理不会，"我只做我完全明白的事。"

简单点，再简单点

一个视力平平的人，没有必要在干草堆里寻找绣花针。

孙　子：那么，在投资中，你们是怎样做到不愚弄自己，只做明白的事？有没有什么诀窍？

巴菲特：诀窍也是有的，主要有两个，第一个是我要求自己所投资的标的要尽量简单易懂。第二个是要求自己的，我和查理都善于"画地为牢"，我们都给自己画了一个能力圈，然后坚决不踏出这个能力圈半步。

密斯特舒：听着就像《西游记》里孙悟空给唐僧画圈一样，一旦出圈，唐僧很可能就要被妖精抓走了。

孙　子：有意思，请沃伦具体谈谈。

巴菲特：关于第一点，查理有句话概括得非常好。查理，你先讲讲？

芒　格："关于投资，我们有3个选项：可以投资，不能投资，太难理解。"

08 以熟避生：知可以战与不可以战者胜

孙　子：怎么区分这三者？

芒　格：我会先选定一个容易理解的、有发展空间的、能够在任何市场环境下生存的主流行业。能通过这一道关卡的公司很少。例如，许多投资者偏爱的制药业和高科技行业就直接被我们归为"太难理解"的项目，那些大张旗鼓宣传的"交易"和公开招股则立即被划入"不能投资"的项目。[1]

孙　子：其实听下来就是两类，"太难理解"也被查理归为"不能投资"的类别了吧？

芒　格：先生说对了，正是这样。"我们赚钱，靠的是记住浅显的，而不是掌握深奥的。我们从来不去试图成为最聪明的人，而是持续地试图别变成蠢货，久而久之，我们这种人便能获得非常大的优势。"

孙　子：沃伦，你的看法呢？

巴菲特：我完全同意查理的看法，"我们会坚守在那些易于理解的行业。一个视力平平的人，没有必要在干草堆里寻找绣花针"。

孙　子：好比喻。

---

[1] 关于芒格具体点到的行业仅供参考，读者需要根据自己的能力圈和具体标的情况做出判断，不宜一概而论。

巴菲特："世界上有成千上万个公司，我一般会把公司分为 3 类：'好的公司''不好的公司'以及'很难懂的公司'。好的公司、不好的公司，是我花半天时间就能够看出来的，而那些花了半天时间看不出来的，我也不会强迫自己花半个多月时间去看。"

"我在 1977 年致股东的信中也提出了选股的 4 个标准：1）我们可以了解的行业；2）具有长期竞争力；3）由才德兼具的人士经营；4）吸引人的价格。可以看出，我把简单易懂看得很重，排在了第一位。"

孙　子：所以你是只挑容易的做，而不是挑难的做。

巴菲特：是的，"在投资方面我们之所以做得非常成功，是因为我们全神贯注于寻找我们可以轻松跨越的 1 英尺栏杆，而避开那些我们没有能力跨越的 7 英尺栏杆。"我还有另外一个比喻，"与其杀死毒龙，不如避开毒龙"。

孙　子：我大概明白了，投资不是比武，非得争个天下第一，也没必要使用最高难度的武器，只要自己用得顺手就可以了。

巴菲特：正是如此。

孙　子：那么，关于第二点，也就是能力圈的问题呢？

巴菲特：你得知道自己的能力圈。"不同的人理解不同的行业。

> 最重要的事情是知道你自己理解哪些行业，以及什么时候你的投资决策正好在你自己的能力圈内。"

孙　子：所以能力圈就是指一个人能够理解和掌控的范围是吗？

巴菲特：是的。

孙　子：这要求你必须对自己有充分的了解。

巴菲特：没错。"我是一个非常现实的人，我知道自己能够做什么，而且我喜欢我的工作。也许成为一个职业棒球大联盟的球星非常不错，但这是不现实的。""很多事情做起来都会有利可图，但是，你必须坚持只做那些自己能力范围内的事情，我们没有任何办法击倒泰森。"

孙　子：自我定位很重要。

巴菲特：没错，"生活的关键在于要给自己准确定位"。

孙　子：每个人的能力有大有小，所以关于能力圈，关键是在于知不知道它，还是在于它的大小？

巴菲特：这是个好问题，在我看来，"最重要的不是能力圈的范围大小，而是你如何能够确定能力圈的边界所在。如果你知道了能力圈的边界所在，你将比那些能力圈比你大5倍却不知道边界所在的人要富有得多。"

孙　子：沃伦的这个观点非常特别，很多人对自己的能力不足感到焦虑，却忽视了一点，如果充分发挥自己已经拥有的能力，其实就能取得成功。

巴菲特：正是这样，"市场就像上帝一样，会帮助那些自己帮助自己的人，但与上帝不一样的地方是，它不会原谅那些不知道自己在做什么的人。"

孙　子：道理我听懂了。但是在投资中有没有实际案例来表明恪守能力圈边界的好处呢？

巴菲特：前面密斯特舒介绍过我和查理避开互联网泡沫的故事，为什么我能避开呢？我曾经对记者解释过原因："它（科技公司）不是我的优势。若是把对科技公司认识最深刻的人进行排名，我可能连前一千、前一万名都排不到"。正因为我知道自己不懂，所以就没有盲目参与，也就避免了泡沫破裂后受到伤害。

孙　子：沃伦和查理对自己的认知的确是非常精准了。

最重要的是确定能力圈的边界所在

知彼知己，百战不殆；不知彼而知己，一胜一负；不知彼，不知己，每战必殆。

巴菲特：今天光听我们在说了，其实还是孙先生言简意赅："知彼知己，百战不殆；不知彼而知己，一胜一负；不知

08 以熟避生：知可以战与不可以战者胜

彼，不知己，每战必殆。"没有比这更经典的总结了。虽然这段话表面意思不难懂，但我还是想请先生再详细展开谈谈。

孙　子：关于这段话，我推荐杜牧的解释，他认为，要以自己的政治情况去对比敌人的政治情况，以自己的将领情况对比敌人的将领情况，以自己的人数情况对比敌人的人数情况，以自己的粮草情况对比敌人的粮草情况，以自己的土地规模对比敌人的土地规模。这几个方面对比清楚以后，双方的优劣短长了然于胸，之后再起兵，自然百战百胜。[①]

纵观历史上的大小战争，其实无非如此，先了解自己的情况，再搞清楚对手的情况，实力超过对方就可以进攻，实力不如对方就防守。如果能做到这样，想要失败都很难。

巴菲特：有没有具体的案例可分享？

孙　子：请密斯特舒介绍一下春秋时期晋楚争霸的"邲之战"。

密斯特舒：邲之战又称"两棠之役"，是春秋中期的一次著名会战，发生在当时两个最强大的诸侯国——晋、楚之间。

[①] 杜牧在《十一家注孙子》有云："以我之政，料敌之政；以我之将，料敌之将；以我之众，料敌之众；以我之食，料敌之食；以我之地，料敌之地。校量已定，优劣短长，皆先见之。然后兵起，故有百战百胜也。"

公元前 597 年，楚庄王亲率楚军围攻郑国，晋国派荀林父率三军援救郑国，双方在邲地（今河南郑州北）展开争夺。战争的结果是楚军胜出，楚庄王因此役而一举奠定了自己"春秋五霸"之一的地位。

战争开始前，晋国内部有一场关于这场战争能不能打的争论。上军将①士会反对开战，他有一段很长但非常精彩的论证，值得仔细体会。他说："我听说用兵之道，观察敌人的间隙而后行动，德行、刑罚、政令、事务、典则、礼仪合乎常道，就是不可抵挡的，不能进攻这样的国家。楚国的军队讨伐郑国，是因为讨厌郑国有二心，又可怜郑国的卑下，郑国背叛就讨伐他，郑国顺服就赦免他，德行、刑罚都完成了。②讨伐背叛，这是刑罚；安抚顺服，这是德行，这二者树立起来了。往年讨伐陈国，现在讨伐郑国，百姓并没有因此而感觉疲劳，国君也没有因此而受到怨恨，这样政令就合于常道了。楚军摆成荆尸之阵而后发兵，井然有序，商贩、农民、工匠、店主都不废时失业，步兵车兵关系和睦，事务就互不相犯了。蒍敖做令尹时，选择实行楚国好的法典，军队出征时，右军跟随主将的车辕积极作战，左军打草以备休息之用，前面的军队以旄旌开路以防不测，

---

① 晋国军制有上、中、下三军，都设置了将领，上军将为上军之统帅。
② 楚晋争霸期间，郑国夹在两大国之间左右摇摆，时而倒向晋国，时而倒向楚国，像"墙头草"。

08 以熟避生：知可以战与不可以战者胜

中军为战事出谋划策，后军以精锐部队断后。各级将领根据旌旗的指示而采取相应的行动，这样一来军事政务不必等待命令就能妥善安排好，这就是能够运用典则了。

"他们的国君在选拔人才时，同姓中会选择亲近的支系，异姓中会选择曾经有功绩的臣子；提拔人才不会忘记有德行的人，赏赐属下不会遗漏有功劳的人。对老人有优待，对居无定所者有赐予。君子和小人，都有各自规定的服饰。对尊贵的有一定的礼节示以尊重，对低贱的有一定的等级示以威严。这样礼节就没有不顺的了。德行树立，刑罚施行，政事成就，事务合时，典则执行，礼节顺当，我们拿什么来抵挡这样的楚国呢？"

但是中军佐[①]先縠坚持开战，他说："晋国之所以能够称霸，靠的是军队的勇武和臣子们的鼎力相助。现在失去了诸侯的支持，不能说是得力；有了敌人而不去追杀，不能说是勇敢。若是因为我们而丢掉霸主的地位，还不如去死呢。而且晋国整顿军队出外讨伐，听到敌人强大就退下阵来，这不是大丈夫所为。任命为军队的统帅，而做出了不应是大丈夫所做的事，这只有你们能办到，我肯定不会这么做的。"于是他带领中军渡过黄河与楚作战，软弱的主将荀林父不得已只好下令全军出击。结果晋军大败，只有士会率领的上军由于战备森

---

① 中军的副官，仅次于中军将。

孙　子：严，指挥有度，实现了体面撤退。

孙　子：从士会和先縠的观点不难看出，士会是知彼知己，可惜意见未被采纳，而先縠是典型的意气用事，失败也就在所难免。

巴菲特：这个例子非常生动。

孙　子：其实更典型的案例是淝水之战。

密斯特舒：这个案例更为复杂、精彩，我随后再单独介绍吧。

巴菲特：非常期待。

孙　子：我还有一句话可以呼应沃伦和查理的观点。

巴菲特：请先生不吝分享。

孙　子：这句话是"知可以战与不可以战者胜"。

巴菲特：怎么理解？

孙　子：它的意思是说，知道什么仗可以打，什么仗不可以打的人可以取胜。

巴菲特：先生总是一针见血。

孙　子：但是这说起来容易，做起来很难，因为其中同样涉及两个方面的判断，一个是对敌人的判断，另一个是对自己的判断，只有对敌我都很了解，才能够做出判断。这与沃伦所说的既要了解标的又要了解自己的能力圈异曲同工。

巴菲特："知可以战与不可以战者胜"，这句话完全可以作为我们今天探讨的一个总结，也就是我们在前面探讨的"不熟不投"。

孙 子：没错，从兵法的角度来看，"不熟"包含两方面，一方面是对敌人不熟，另一方面是对自己不熟。对第一个方面，大家普遍容易理解，但是对第二个方面，许多人都忽视了。他们不知道了解自己与了解标的一样重要，很多时候，我们可能是自己最熟悉的陌生人。所以本来应该"知彼知己，百战不殆"，结果却变成了"不知彼，不知己，每战必殆"。

巴菲特：我十分同意先生的看法。

密斯特舒赞叹

股市专治各种不服

股票投资有个非常有趣的特点：投资者们平常买东西一般都非常谨慎，比如买件衣服，通常要考虑是否合身，是什么面料，是否有破损，价格是不是太贵。但是他们一旦进入股市，却显得十分潇洒、率性，甚至不知道拟购股票的公司是做什么的，更不问股票价格高低，可能仅仅因为一个小道消息就买入了。这样的现象十分常见，亏钱自然也就难以避免了，因为他们"不知彼"。

"不知彼"往往是"不知己"造成的，在股市投资中许多人处于"不知道自己不知道"的状态。"无知者无畏"，正是这种大无畏的精神推动他们以身犯险。

股票系统极为复杂，参与的人数以亿计，一个人的盲目自信或许能够造就个体的成功，一群人的盲目自信却只能造就泡沫和失败。

通过下文欧文·费雪（Irving Fisher）的案例，我们可以进一步认识到股市是个神奇的地方，它似乎"专治各种不服"，越是自信满满的人来到这里，越是容易被打得鼻青脸肿。自信的人往往喜欢预测，并且过于相信自己的判断。然而准确的预测需要具备两个前提：一是相对确定的环境，二是反复练习。比如应试教育下的考试，由于它的变化是有限的，只要肯下功夫反复刷题，结果八九不离十。竞技体育也是如此，人类的体能有其极限，世上不可能出现百米跑进5秒的人，顶尖运动员之间的水平差之毫厘，只要勤加练习，结果相对可预测。然而股市是一个高度不确定的环境，个体即使再聪明、再努力，也依然测不准结果。

所以，在投资中保持谦逊十分重要。巴菲特和芒格谨守能力圈，

08 以熟避生：知可以战与不可以战者胜

知道什么可投、什么不可投，本质上就是一种深度的谦逊。

作战也是如此，孙子的"知可以战与不可以战者胜"同样是一种谦逊。所以在后面的故事中我们再来重温一下淝水之战，看看"不知彼不知己"会带来怎样巨大的灾难。

投资故事
和战事

故事一：伟大的经济学家是如何破产的

欧文·费雪是历史上最伟大的经济学家之一，也是美国第一位数理经济学家。

20世纪40年代后期，第一位诺贝尔经济学奖获得者拉格纳·弗里希（Ragnar Frisch）评价费雪："他的思想比他的时代超前了10～30年。"另一位诺贝尔经济学奖得主保罗·萨缪尔森（Paul Samuelson）评价费雪1891年的博士论文《价值与价格理论的数学研究》（*Mathematical Investigations in the Theory of Value and Prices*）是"有史以来最伟大的经济学博士论文"。

费雪少年时家境贫寒，这让他对发财致富抱有极大的热情，擅长数理计算的他在20世纪20年代的牛市中大胆运用高杠杆进行股票投资，身价一度超过千万美元，一时风光无两。

08 以熟避生：知可以战与不可以战者胜

从费雪的生活方式中也可以看出他是个超级自信的人。他是个狂热的养生专家，恪守一套严格的养生方法：不碰任何酒、烟、肉、茶、咖啡和巧克力。有一次，一位客人在他家吃了一顿丰盛的晚餐，同时也注意到了他的怪癖："那么多好吃的，我吃得都停不下来，他却只吃了些蔬菜和一个生鸡蛋。"1915 年，当费雪快 50 岁时，他出版了一本书——《如何生活》(How to Live)，其中写道："我主张晒太阳浴，晒多久和晒到什么程度依个人感受而定……吃饭不能狼吞虎咽，要细嚼慢咽，嚼到不自觉吞咽的程度为止。"他甚至还讨论起走路时脚与脚之间的正确角度："脚趾向外大约有七八度的样子。"这本内容怪异的书在当时是一本非常成功的畅销书，共印行 90 版次，在美国销量达 40 万册之多。

费雪还成立了一个名为"指数研究所"的营利机构。这个研究所将他学术研究的数据、分析和预测汇编成包——"欧文·费雪商业研究"，出售给美国各地的报纸。

费雪借助数据产品开始宣扬自己的投资方式——通过借钱去购买新兴工业企业的股票，押注美国经济增长。这种借贷的本质是杠杆，它同时放大了利润和损失。费雪也大胆预测市场，其中最著名的预测发生在 1929 年股市大崩溃之前，他说："股价已经立足于像是永恒的高地上。"

但是事实证明，世界上没有什么东西是永恒的。随着股市的暴跌，费雪的预言很快就宣告破产了。但是他不信邪，他确信市场会反弹，多次点评说这场金融危机正在"从无序中走出来"，这是投资者的"恐慌踩踏事件"，经济会马上复苏。他对自己的判断充满信心，所以不仅不割肉离场，反而继续加大杠杆，重仓了雷明顿兰德公司的股票。但是股价并没有让他如愿：股市崩盘前，该公司股价为 58 美元，几个月后跌到 28 美元。费雪又借了更多的钱继续买进，股价很快跌至 1 美元，他的投资血本无归。

1935 年，债台高筑的费雪即将退休，耶鲁大学买下了他的房子，又与他签订了房屋永久租赁合同，将房屋低价租给他全家住，这才让他免去了流离失所的尴尬境地。1947 年，费雪以 80 岁的高龄去世，他的债务还有 75 万美元，约等于今天的 1 000 万美元。

费雪之败，是败于典型的过度自信。

故事二：淝水之战，百万前秦军为何败于八万北府兵

公元 317 年西晋灭亡后，中国北方各族先后建立过十五个政权，加上西南氐族建立的成汉，史称"五胡十六国"。其中，后赵、前燕、前秦都曾占据过北方的大部分疆域。它们与南方的东晋相并立。淝水之战的一方主角前秦由氐族建立，最先灭掉了前燕、代、前凉等割据政权，统一了黄河流域；之后又攻占了东晋的几个城市，将势力拓展到了长江和汉水上游。一系列胜利让前秦皇帝苻坚意气风发，于是他准备一举扫平东晋，统一南北。

08 以熟避生：知可以战与不可以战者胜

公元383年8月，苻坚命弟弟苻融率二十五万先锋部队，他自己则率步兵六十万、骑兵二十七万，号称"百万大军"（实际上仅三十万到达战场）与东晋决战。而东晋则以宰相谢安的侄子谢玄为先锋，率领仅八万北府兵沿淮河西上，迎击前秦军主力。

看实力对比，前秦完全是碾压东晋之势，苻坚自己也信心满满，说只要一声令下，所有士兵把他们的鞭投入长江中，足可让江水断流，这就是著名典故"投鞭断流"的来源。然而，结局却让人大跌眼镜，东晋八万北府兵大破前秦百万大军，被歼和逃散的前秦军共有七十多万人。前秦从此瓦解，北方重新陷入少数民族政权林立的局面，苻坚本人也在两年后被部下姚苌所杀。究其根源，苻坚正是犯了既不知彼也不知己的兵法大忌。

首先，他不了解对手。出征前，一些老成持重的大臣都对发动战争持反对态度。汉族人王猛是辅助苻坚取得北方统一的第一功臣，他在临死前嘱咐苻坚千万不要与东晋为敌。他的理由是，前秦的北边和西边都不稳定，还存在其他民族的威胁；而南方的东晋虽然实力不如前秦，但是百姓安居乐业，团结一心，与东晋为敌是下下之策。

王猛的劝谏是在爆发淝水之战的七年前，苻坚可能早已忘之脑后。但是他对出征前的反对意见也一概不听，比如大臣权翼说："现在东晋虽然在实力上弱于我国，但是君臣和睦、上下齐心，朝中还有谢安、桓冲这样的杰出人才，因此现在出兵东晋，并不合适。"石越也劝谏说："现在东晋不但君臣一心，而且有长江天险作为屏障，百姓也愿意为朝廷出力。"苻坚一概置之不理。

其次，虽然抗敌主力北府兵只有八万人，但是苻坚不知道北府兵整合的是拥有长期作战经验、骁勇善战的流民帅[①]力量，整体实力不可小觑。

最后，苻坚不了解自己。自以为强大的前秦实际上是外强中干，主要有以下几点理由。第一，苻坚虽然征服了北方各族，但是并没有很好地整合各族力量。他在用人上看起来十分大度，将归降的各族首领都置于重要位置。比如前燕的吴王慕容垂、羌族的首领姚苌都受到苻坚的重用，他们甚至和苻融一起组成了南征的前锋军，事实上也正是这些人格外赞同苻坚的南征计划，因为他们都打着乘乱复国的算盘。东晋降将朱序也受到了苻坚的重用，被封为尚书。在淝水之战中，苻坚派他劝降东晋将领，他却向东晋透露了绝密情报，这条情报说前秦虽有百万大军，但大队人马仍在行军途中，东晋应该乘前秦前锋军立足未稳火速出兵，先下手为强。原本东晋将领谢石、谢玄觉得实力不够，打算坚守城池，正是听了朱序的情报之后改变战略，转守为攻主动出击，让前秦在洛涧这个地方先吃了败仗。所以，苻坚所带领的前秦军虽然声势浩大，其实却是乌合之众。

第二，苻坚没有战术定力，在过度自信与不自信之间游移不定。在洛涧失败之前，苻坚信心满满，但是经过洛涧的失利，苻坚

[①] 统率流民的官。

08 以熟避生：知可以战与不可以战者胜

登上寿阳城楼，看到对岸的东晋营帐排列得整整齐齐，操练有序，再往远处看八公山上的草木影影绰绰，像是满山遍野的士兵，忽然心生畏惧，感叹说这明明是一支劲旅，哪里有不堪一击的样子。"草木皆兵"的典故由此而来。

受到惊吓的苻坚不敢再贸然渡河攻击晋军。晋军则想乘胜出击，但同样不敢贸然渡河，于是派人游说苻坚退兵十里，然后两军决战。苻坚居然答应了，他的如意算盘是等晋军在渡河过程中"半渡而击"。不料，刚刚经历过洛涧失败的前秦军本来士气就很低落，一接到后撤的命令后心生疑窦，阵脚已先乱了。这时候朱序开始发挥间谍的作用，他大喊："前秦军败了！大家赶快逃！"前秦军一哄而乱。渡过河的晋军则大肆冲杀，苻融在乱军之中被杀。苻融一死，前秦军失去主将，群龙无首的前秦军彻底崩溃，一泻千里。

反过来说，东晋则是知彼知己的最佳案例。与苻坚的进退失据相比，东晋主帅谢安是一个智谋超群、拥有极强战略定力的人。淝水之战前，晋孝武帝召谢安来商量抗秦计策。谢安举贤不避亲，把自己的弟弟谢石和侄子谢玄推荐给孝武帝。孝武帝便任命谢石为征讨大都督，封谢玄为将军，一切军中大事交由谢安处理。谢石和谢安都是杰出的将领，北府兵就由谢玄统辖，在淝水之战中立下了关键之功。另外，谢安多年研习兵书，掌握了大量有关前秦政治、军事情况以及人物贤愚忠奸等方面的情况，加上内线朱序的呼应，东晋在战前可谓做到了知彼知己。两相对比，谁胜谁负，一目了然。淝水之战也因此作为以少胜多的典型案例被载入史册。

09

以强胜弱：
先胜而后求战

为什么说,真正的投资应该"先胜而后求战"?

巴菲特:
如果你肯定不会亏钱,你将来就会赚钱。

孙子:
古之所谓善战者,胜于易胜者也。

09 以强胜弱：先胜而后求战

在建立了知彼知己的自觉之后，在投资和作战上还有什么生死攸关的原则呢？"先胜后战"就是这样的原则。

许多人推崇"以弱胜强""以少胜多"。孙子却告诉我们这是完全错误的，因为多数以少敌多的战例都失败了，成功的是少数，它极大地依赖于个别杰出军事将领的指挥或运气，难以复制，而且要付出很大代价。在孙子看来，**真正的善战者都是"先为不可胜，以待敌之可胜"**。也就是说，先使自己不会被敌人打败，然后等待机会战胜敌人。

进一步说，真正的善战者只不过是"胜于易胜"，其本质是"以强胜弱"。具体来讲，就是先增强自己的实力，建立对敌人的优势，在立于不败之地之后再向敌人发起进攻。如果敌人也很强大，那么我方就耐心等待。等待什么呢？等待敌人犯错。如果敌人不犯错，就诱导他们犯错。

根据这样的原则，孙子所主张的仗应该怎么打呢？"故用兵之法，十则围之，五则攻之，倍则分之"。要有五倍于敌人的兵力才可以放心攻打敌人。这样的仗打下来自然一点都不精彩，甚至还会让人觉得有点"以多欺少，胜之不武"。但是战争不是儿戏，容不得半点玩笑。总结起来就是孙子最得意的一句话："是故胜兵先胜而后求战，败兵先战而后求胜。"**打胜仗的军队总是有了胜利的把握而后才同敌人交战，打败仗的军队总是先同敌人交战而后企求侥幸取胜。**

投资中很多人同样把顺序搞反了，开始就想着要赚大钱，一夜致富的故事最容易蛊惑人心，不幸的是，这样的投资者往往率先亏损出局。真正的投资同样应当"先胜后战"。巴菲特和芒格始终让自己保持理性，就是为了首先让自己处于不败之地，为此他们不盲目跟风，坚持不熟不投，同时不轻易使用杠杆。巴菲特反复强调投资中最重要的是三件事："第一是尽量避免风险，保住本金；第二还是尽量避免风险，保住本金；第三是坚决牢记前两条。"

在确保不会失败之后，巴菲特和芒格尽量买简单易懂的好公司，而且要求买的价格合理（最好是便宜），当碰到这样的机会时他们才大力出击。这就是巴菲特和芒格的"胜于易胜"。我们继续来看看三位先生具体如何阐述。

不可胜在己，可胜在敌

> 昔之善战者，先为不可胜，以待敌之可胜。

密斯特舒：上回介绍了淝水之战以少胜多的例子，我记得前面几位先生也谈到过多打不如少打，最好一战而定的观点。我有个疑惑，从战略上来讲，以少胜多是一种值得提倡的模式吗？

巴菲特：我认为，多打不如少打讲的是频率问题，而不是强弱问题。不知孙先生是否同意？

孙　子：同意。小说家都很喜欢传颂所谓的"以少胜多"或者"以弱胜强"的故事，关于这一点，在实际作战中我是非常不认同的。今天既然密斯特舒提出了这个问题，我倒也很想跟沃伦和查理再来探讨一番。

巴菲特：好啊！乐意之至。先生不认同"以弱胜强"是出于怎样的考虑呢？

孙　子：在我看来，"战胜而天下曰善，非善之善者也"。

巴菲特：这句话怎么说？

孙　子：一场战争，打得轰轰烈烈，天下人都说好，但它并不属于最高明的战争。人人都喜欢传颂的以少胜多、以弱胜强的战争就是这样一类战争。

巴菲特：这个说法很特别，理由是什么呢？

孙　子：说起来也很简单，以少胜多、以弱胜强的战争虽然能够展现出胜方的勇气和才能，传奇色彩很浓，但往往依赖个别杰出的将领，或者依赖运气，成功率很低，也难以形成经验，因为它很难复制。

巴菲特：有意思，我猜测这里涉及概率问题，多数以少打多、以弱击强的战争可能都失败了，所以也不会被记录下来，少数案例成功了而被广为传颂，事实上却可能是幸存者偏差。

孙　子：我不懂现代概念，什么是幸存者偏差？

密斯特舒：我来解释一下，幸存者偏差指的是当我们获取信息的渠道仅来自幸存者时，这个信息可能会与实际情况存在偏差，因为死者不会发声。

孙　子：这么说的话，我同意沃伦的解释。

巴菲特：那么在先生看来，什么才是好的战法呢？

孙　子："昔之善战者，先为不可胜，以待敌之可胜。"也就是说，从前善于用兵指挥作战的人，首先要做到自己不会被敌人打败，然后等待机会战胜敌人。

巴菲特：不被敌人打败和战胜敌人取决于什么呢？

09 以强胜弱：先胜而后求战

孙　子：“不可胜在己，可胜在敌。”确保自己不被敌人打败取决于自己，能不能战胜敌人却取决于敌人。

巴菲特：先生似乎还是没有点破，取决于自己和取决于敌人具体是指什么？

孙　子：“不可胜在己”指要在不断壮大自己的同时确保自己不犯错误，"可胜在敌"指要等待敌人犯错误，敌人如果不犯错误就促使他犯错误。

巴菲特：这么说就明白了，记得前面几次谈话先生已经谈过相关的问题。[①] 在先生看来，怎样的人才算是善战者？

孙　子：善战者需要满足两个标准。第一个标准是"故善战者，能为不可胜，不能使敌之必可胜。故曰：胜可知，而不可为"。意思是说，善于用兵打仗的人，能够做到自己不会被敌人战胜，而不能做到使敌人必定为我所胜。所以说，胜利可以预见，但不能强求。

巴菲特：不被敌人战胜，自然就已经处在了"不败"之地。但是具体方法靠什么？

孙　子：“不可胜者，守也。”要不被敌人战胜，就要进行防守。什么时候需要防守呢？"守则不足"，也就是在兵力不足的时候防守。守到什么程度呢？"善守者，藏于九地之下。"善于防御的人，可以隐藏于极深的九地之下。

---

① 详见本书第 3 章"以慢制快：以虞待不虞者胜"。

巴菲特： 精彩，中国历史上有谁符合先生的这个标准？

孙　子： 这样的将军不少，比如之前我们谈到过的李牧就是很好的代表，他在条件不成熟时坚决不出击匈奴。① 同为战国"四大名将"，也是李牧同僚的廉颇也是这样的好将军。请密斯特舒讲讲廉颇的故事。

密斯特舒： 廉颇在历史上的名气比李牧更大，"负荆请罪""尚能饭否"这些典故说的都是他的故事。军事上，他是一个懂攻守、知进退的将军。当时赵国面对的最大敌人是强大的秦国，秦国志在一统天下，不断对各诸侯国发动战争。公元前262年，秦国进攻韩地上党（现在的山西省长治市）。上党的韩国守军孤立无援，太守冯亭便将上党献给了赵国。于是，秦赵之间围绕着上党地区发生争夺战。公元前260年，赵孝成王指派廉颇统帅赵军在长平（现在的山西晋城高平市）一带阻击秦军。当时的秦军连战连胜，士气正旺，而赵军长途跋涉而至，不仅兵力处于劣势，态势上也处于被动不利的地位。根据这一情况，廉颇明智地采取了守势，命令赵军凭借山险，筑起坚固的营垒。秦军数次挑衅，廉颇都严禁部下出击。秦军求战不得，无计可施，锐气渐失。廉颇的坚壁固守策略取得了很好的成效。可惜赵王求胜心切，认为廉颇畏战，这时候秦国又巧用离间计，赵王中招，召回廉颇，派去只会纸上谈兵的赵括，最终导致四十几万

---

① 详见本书第1章"以优胜劣：择人而任势"。

大军被秦国坑杀，史称"长平之难"。

巴菲特：这太可惜了，如果廉颇未被撤换，再坚守一段时间，等秦国疲弱再出击，谁胜谁负还不一定。

孙　子：正是如此。

胜于易胜

胜兵先胜而后求战，败兵先战而后求胜。

巴菲特：这是先生所讲的善战者满足的第一个标准，那么第二个标准是什么呢？

孙　子："古之所谓善战者，胜于易胜者也。"意思是说，古时候所谓善于指挥作战的人，都是战胜了容易战胜的敌人。

巴菲特：也就是"以强胜弱"？

孙　子：没错。

巴菲特：但是怎样才算是"强"，怎样才算是"弱"，有没有更具体的标准？

孙　子："故用兵之法，十则围之，五则攻之，倍则分之。"意思是说，拥有十倍于敌人的兵力就可以把它死死围住直到弹尽粮绝，如果有五倍于敌人的兵力就可以放心进攻它，如果有两倍于敌人的兵力就要迫使对方分散兵力。

巴菲特：拥有两倍兵力还不足以战胜对方，还要分散对方兵力，当拥有五倍的兵力才进攻，先生真是十分谨慎。有没有相关战例可以介绍？

孙　子：我阅读现代战例，发现解放战争时期的孟良崮战役是一个绝好的案例。请密斯特舒来介绍。

密斯特舒：1947年3月，蒋介石向山东和陕北两个解放区发起重点进攻。其中用于进攻山东方向的兵力达到24个师、60个旅，总共45万余人。这45万余人中包括了国民党五大主力中的三大主力，即整编七十四师、整编第十一师以及第五军。解放军方面迎敌的是华东野战军陈毅、粟裕的部队，人数是27万，加上装备上的差距，两者实力对比更为悬殊。

在作战方针上，蒋介石给前线部队提出了16字方针——"密集靠拢、加强维系、稳扎稳打、逐步推进"，以排山倒海的碾压之势逼近华东野战军。在一个多月的时间里，华东野战军都无法找到突破口，开始急躁。毛泽东在关键时刻指示华东野战军主力往东、往北撤退，避免与敌人正面接触。

此时的国民党军也已经失去耐心，看到华东野战军一退,喜出望外,从"稳扎稳打"变成了"稳扎猛打",一字之差,担任主要突击力量的张灵甫整编七十四师便孤军突出,冒了出来。

机会来了。粟裕在孟良崮地区集中了5个纵队集中攻击七十四师,共产党的纵队相当于军,一个纵队是3万人左右。国民党的整编师是由军整编过来的,也相当于军,也是3万人左右。军力对比为5:1,共产党军队获得了绝对的优势。七十四师被歼灭,共产党军队取得孟良崮大捷。

这个例子很好地体现了《孙子兵法》的奥秘,一是国民党军由于急躁被华东野战军诱导而分兵,削弱了自身实力;二是华东野战军使用了五打一的战法。事实上,这是整个解放战争期间共产党打胜仗的法宝。解放战争开始不久,毛泽东就代表军委起草了"集中优势兵力,各个歼灭敌人"的作战指示,要求每战都要集中六倍、五倍、四倍,最少也要三倍于敌的兵力。

巴菲特:十分精彩的案例,也符合现代概率思维,五打一胜率自然高,一打五即使打赢了也是运气。

孙　子:没错,总结起来就是一句话,这也是我最得意的一句话,"是故胜兵先胜而后求战,败兵先战而后求胜"。

巴菲特:请先生解释。

孙　子：这句话的意思是说，打胜仗的军队总是有了胜利的把握而后才同敌人交战，打败仗的军队总是先同敌人交战而后企求侥幸取胜。

巴菲特：真是精辟，先生还有没有案例可以分享？

孙　子：最好的案例就是"飞将军"李广和"不败将军"程不识了。

巴菲特：这个故事我好像在跟老子先生对话时了解过。

孙　子：沃伦好记性，那我们就不重复了。① 今天请密斯特舒介绍王翦灭楚的故事吧，同样精彩。

密斯特舒：这个故事发生在秦灭六国的时候，当时的秦国已经先后灭掉韩、赵、魏三国，接下来的目标就是南方大国楚国。秦王嬴政一开始征求老将王翦的意见，王翦认为秦国想要顺利灭掉楚国，没有六十万大军是万万行不通的。但是这时候冒出一名年轻将军李信，他信誓旦旦地表示，只要二十万兵力就可以拿下楚国。当时连战连胜且信心满满的秦王嬴政觉得王翦老了，难以继续担当秦国主帅。

　　经验老到的王翦自然看出了嬴政的心思，选择急流勇退，以身体欠佳为由回避军务，嬴政正好顺水推舟，解除了王翦手中的兵权，任命李信为伐楚主帅。踌躇满

---

① 李广和程不识的故事可参阅《财富是认知的变现》第 11 章——"以谨慎小心"破解"黑天鹅"。

志的李信以蒙武为副将，带着二十万大军进攻楚国。然而楚国国土面积广袤，随着战线的不断深入，二十万秦军很快就捉襟见肘。醒悟过来的李信决定撤军，楚国可不会错过这样的好机会，开始疯狂追击。当时的楚国大将是项羽的爷爷项燕，他率领楚军大败李信的部队，攻入两个军营，杀死七名都尉，李信军大败而逃，灰头土脸地回到了秦国。

经过李信轻敌的教训，秦王嬴政知道灭楚大业还得需要老将王翦方能完成。虽然王翦一再推托，但是秦王嬴政执意要求王翦重掌帅印。王命难违，王翦只能接受任命，但是他表示必须有六十万大军，他才能执行命令。这一次，秦王嬴政爽快配合，给了王翦六十万大军。王翦也不负众望，一举灭了楚国。

巴菲特：看来姜还是老的辣，王翦是"胜兵先胜而后求战"，李信却是典型的"败兵先战而后求胜"。

孙　子：没错。

巴菲特：很受启发，这与投资之道可以说完全相通。

孙　子：哦，难道投资也讲究先胜后战？

巴菲特：虽然说法不同，但道理相同。

永远保持理性

尽可能地保持理性是一个人的道德责任。

孙　子：请沃伦赐教，投资中如何体现"先胜后战"？

巴菲特：我不妨套用先生的框架来解释。首先，做投资需要让自己立于不败之地，相当于"先为不可胜"。其次，我始终挑选容易理解的标的进行投资，这相当于"胜于易胜"。

孙　子：请沃伦先介绍，如何在投资中让自己立于不败之地。

巴菲特：我和查理始终要求自己保持客观理性，以免陷入盲目从众的陷阱当中，我觉得这一点是关键。查理，你说呢？

芒　格：同意，我的原则是"在生活中不断培养自己的理想性格、毫不妥协的耐性，自律自控——无论遭受多大的压力，也不会动摇或者改变原则"。在我看来，"尽可能地保持理性是一个人的道德责任"。

孙　子：通过这几次交谈，我也能感受到两位先生是非常理性的，那么在投资中怎样体现这种理性呢？

巴菲特：第一，我和查理都不会盲目跟风，别人都觉得好，抢着买的时候我们会谨慎对待。

第二，我们不懂的不投，不熟悉的不投，或者说我们只投资我们能够理解的、容易的标的。"我喜欢我能看懂的生意。先从能不能看懂开始，我用这一条筛选，90% 的公司都被过滤掉了。"

第三，我们不轻易使用杠杆。为什么呢？因为，"毫无疑问，有些人通过借钱投资成为巨富，但此类操作同样可能使你一贫如洗。杠杆操作成功的时候，收益就成倍放大，配偶觉得你很聪明，邻居也艳羡不已。但它会使人上瘾，一旦你从中获益，就很难回到谨慎行事的老路上去。"这两点我们在前面的对话中已经探讨过，就不展开讲了。

孙　　子：退不回保守的做法会导致什么后果呢？

巴 菲 特：杠杆可能让你一夜暴富，也可能让你一夜清仓，这样的例子在投资史上比比皆是。除非你有很安全的杠杆。

孙　　子：什么是安全的杠杆？

巴 菲 特：比如我和查理把伯克希尔-哈撒韦公司改造成了一家保险公司，保险公司有个很大的好处，那就是拥有保险浮存金，它就是很安全的杠杆。先生估计不大明白，请密斯特舒介绍一下。

密斯特舒：保险浮存金是指保户向保险公司交纳的保费。保险公司在留有一定比例的近期理赔或支付金额后，其余的可以拿出去进行投资，而投资收益则归保险公司所有。保险浮存金有着巨大的天然优势。

1. 保单种类多、消费额一般较大，保险浮存金体量巨大。
2. 获取成本很低甚至成本为负。
3. 资金稳定并可长期使用。

伯克希尔－哈撒韦公司的保险浮存金数额巨大，2020年该公司的浮存金总额为1 380亿美元。这些钱相当于欠保户的钱，是一种负债，但没有成本。

巴菲特： 保险浮存金就是我说的安全杠杆，可惜一般人没有这样的优势。

孙　子： 果然是聪明的杠杆模式。

巴菲特： 说到在投资中保持理性，有时也需要外部力量的提醒。这方面我得特别感谢查理，他经常监督我，使我避免冲动。

孙　子： 哦，说来听听。

密斯特舒： 沃伦和查理这方面的故事我比较清楚。沃伦曾说，他跟其他任何华尔街的人谈话的次数，可能还没有跟查理谈话次数的1%多。查理是典型的现实主义者，沃伦通过和他交流来证实自己的想法。

由于查理平常住在洛杉矶，每年绝大多数时间里他们只能通过电话联系。在这些电话交谈中，沃伦通常是挑选股票的人，而查理是质疑者和怀疑论者。当沃伦希望投资某家公司时，查理常常会提出多方面的质疑：这是一家好公司吗？它是一家好公司，但它的股价足够低吗？它的管理层有合适的人员构成吗？如果股价低到可以购买的水平，那么它这么便宜正常吗？

沃伦非常尊重查理的意见，对于查理坚决反对的项目，沃伦一定不会投；如果查理只是说一个"不"，但态度不是那么坚决，沃伦就会慎重考虑；如果一个项目连查理也想不出不投的理由，他们就会果断地投。

巴菲特："查理是世界上最优秀的快速思考者。他能够一下子从A想到Z。甚至在你话没说完之前，他就已经看到一切的本质。"

密斯特舒：当然有时候查理的固执也可能让沃伦上火，所以沃伦戏称查理是"可恶的说'不'大师"。

孙　子：在中国的文化中，这叫作"诤友"，也就是敢于向朋友提出直率意见的人。

巴菲特：没错，查理就是我的"诤友"。

安全边际永远有效

我喜欢开枪打桶里的鱼,而且最好是桶里没水了再开枪。

孙　子：保持理性让你保持不败之地,那么第二步呢,你又如何在投资中实现"胜于易胜"呢？

巴菲特：实现"胜于易胜"的核心原则就是要买好的企业,也就是我们在第一次对话时谈过的要买"长坡厚雪"型公司。

孙　子："长坡厚雪"跟"胜于易胜"有什么关系？

巴菲特：当然有。我一直强调"我们不一定要具备杀死毒龙的本领,只要躲开它远一点就可以做得很好了"。"长坡厚雪"型公司往往有强大的护城河,那些"毒龙"（竞争对手）自然被我们挡在外边了。

孙　子：的确是很好的思路。除了强大的护城河,一家好的企业还应当符合什么标准？

巴菲特：好的管理层也很重要,这一点我们在前面已经做过探讨,就不多说了。

孙　子：以上几点都是为了买好的企业。

巴菲特：是的,这也是确保在投资中实现"先胜后战"的第一步。

孙　子：除了买好的企业,还有别的要诀吗？

巴菲特：买得便宜。一家企业哪怕它的质地再好，但是如果价格过高，也不能算是一个好的投资标的。

买得便宜十分重要。"我们并不是非常善于精确掌握投资时机，我们只是在觉得投资对象价格便宜的时候买入，这其实是小学四年级就能明白的道理。"这一点我们前面也详细分析过了。

孙　子：的确，我还记得沃伦是从最早的捡烟蒂策略转变为后期用合理的价格买优秀的企业。但当时我们好像没有谈如何确定什么是"合理的价格"，能否请沃伦介绍一下？

巴菲特：这个问题很重要。我觉得有两种方法可以说明，第一种是计算一只股票的确定价值。怎么计算呢？最好的办法是约翰·伯尔·威廉姆斯（John Burr Williams）在《投资价值理论》(The Theory of Investment Value)一书中提出的："一个公司的价值决定于在其生存期间，预期产生的所有现金流，在一个合理的利率上的折现。"经过计算，如果股票的市场价格低于公司的内在价值，那么它就具有了安全边际，也就是合理的价格了。

孙　子："安全边际"这个概念听起来很新鲜。

巴菲特：这也是我的老师格雷厄姆提出来的一个核心概念，它非常重要，"如果一定要把价值投资的秘诀浓缩为几个字，

> 我应该会总结为四个字：'安全边际'。自从这个概念被格雷厄姆提出后，我已经研究它数十年了，但我至今仍然认为'安全边际'的投资策略非常正确。投资者往往非常容易忽视这个非常简单的投资概念，这也导致了他们在 20 世纪 90 年代末遭受了重大的损失。"

> "我们强调在股票的买入价格上留有安全边际。如果我们计算出一只普通股的价值仅仅略高于它的价格一点点，那么我们不会对这只股票产生兴趣。我们相信这种'安全边际'原则是投资成功的基石。"

孙　子：也就是说即使是最优质的公司，也不能闭着眼睛投。

巴菲特：没错，"即便是对于最优质的公司，你也不能买价过高"。

孙　子：这是确定合理价格的一种方法，那么还有一种呢？

巴菲特：计算确定价值有一定的难度，还有一种方法更为直观，更便于大家理解。如果有人向我们推荐一家企业，我们脑子里想到的第一件事是："我们更愿意买入这家企业，还是更愿意增持（已经持有的）可口可乐公司？我们更愿意购买这家企业，还是更愿意增持吉列公司？"

> "不拿这些未知的新企业与你非常了解的企业进行比较是疯狂的，你能找到的未来前景和可口可乐一样明确的公司极少。因此，我们想购买那些确定程度接近可口可乐的公司，然后，我们想弄清楚购买新企业是否比增

持我们已经持有的公司更好。"

芒　格：可以将这理解为是一种基于机会成本的计算方法：新投资的机会成本是自身持有的最好的投资机会所带来的收益，当该项投资的收益优于现有投资的收益时，新投资的产品对应的价格便是合理价格。

巴菲特：查理的补充完全正确。

孙　子：除了买好的和买得便宜这两条，沃伦还有其他要诀确保自己"胜于易胜"吗？

巴菲特：第三，逆向思维。怎么样才能买得好，就得运用逆向思维。逆向思维具体体现为人弃我取、以慢制快、以少胜多等。

第四，碰到好机会要敢于踏上两只脚，这样才能最终实现"赢"的目的。

第五，有底线思维，永远留一手。勇于出击不代表不要防线，永远要保持最后的底线以应对极端情形的发生。关于这几点我们前面也做过探讨。

孙　子：沃伦所讲的这些相当于又对前面几次对话做了一番总结。

巴菲特：没错，如果能够做到上述这些，自然能够稳操胜券。

孙　子：如果用一句话总结，沃伦会怎么说？

巴菲特："如果你肯定不会亏钱，你将来就会赚钱。"

孙　子：精辟。这的确是一种投资中的"先胜后战"之道。

巴菲特：我还有个比喻，"我喜欢开枪打桶里的鱼，而且最好是桶里没水了再开枪。"

孙　子：这话有意思，多数人都是费尽心思提高钓鱼技术，你倒好，等别人把鱼钓到桶里了，而且水也漏光了，鱼动弹不得的时候再去打，自然一抓一个准，让我想起中国的成语"瓮中之鳖"。

巴菲特：先生见笑，这样抓鱼比较容易一些。（笑）不知道先生还有什么补充点评。

孙　子：我用一句话对沃伦做个呼应吧。"夫未战而庙算胜者，得算多也；未战而庙算不胜者，得算少也。多算胜，少算不胜，而况于无算乎！吾以此观之，胜负见矣。"

　　意思是说，在战争正式开始之前，就已"庙算"（古时战前君主在宗庙里举行仪式，商讨作战计划）周密，充分估量了有利条件和不利条件，开战之后就往往会取得胜利；相反在战争爆发之前，如果没能进行周密的"庙算"，很少分析有利条件和不利条件，开战之后往往会失败，更何况开战之前无"庙算"呢！用这个标准来衡量，胜负其实早就分明了。

巴菲特：先生这段点评太妙了！

孙　子：原来我以为只有作战才需要这般周密计算，没想到做投资也同样需要如此。沃伦讲的所有投资步骤其实都是"庙算"。

巴菲特：的确可以这么说。

密斯特舒赞叹

用"五事七计"确保"先胜后战"

宋代文学家梅尧臣对《孙子兵法》的精髓有很好的概括，他说："定计于内，为势于外，以助成胜。"先把内部的事情计算清楚，然后借助外部的有利形势取得胜利。

为取得一场胜利，需要计算的因素太多了，共有"五事七计"。"五事"包括：一曰道，二曰天，三曰地，四曰将，五曰法。"七计"包括：主孰有道？将孰有能？天地孰得？法令孰行？兵众孰强？士卒孰练？赏罚孰明？把这些都算清楚了，战争的结局其实就已注定。所以《孙子兵法》的"计"，是计算的"计"，不是诡计的"计"。

之所以要做这么复杂的计算，就是为了实现"先胜后战"。投资也是如此，巴菲特投资体系中的所有环节，无论是剖析商业模式、寻找护城河、匡算安全边际，还是时刻让自己保持理性，都是为了确保投资的不亏损，然后才追求收益，这是巴菲特的"先胜后战"投资闭环，也是他在投资领域长盛不衰的秘诀所在。

投资故事和战事

笔者所在的重阳投资也有自己成型的计算体系,也就是"三四七八"投研体系。我先介绍该体系,然后再以巴菲特购买可口可乐公司的故事和曾国藩的独特战法来展现"先胜后战"的魅力。

重阳实践:"三四七八"投研体系

"三四七八"中的"三"是指"三部曲":严谨清晰的逻辑、全面深入的实证、及时有效的跟踪。投资决策需要建立在严谨、清晰的逻辑和全面深入的实证之上。随着时间的推移,初期做出投资决策的基础有可能发生变化,基金经理和分析师需要对标的基本面进行动态跟踪。

"四"是指重阳投资研究的"四维":盈利、利率、制度和风险偏好。我们认为,影响权益等大类资产价格的因素纷繁复杂。在成熟市场，除盈利和利率这两个最基本的变量外，还要关注市场风险偏好的变化。中国资本市场新兴加转轨的特征明显，制度变革这一维度在分析资产价格走向中显得尤为重要。

"七"是指投资建议书的"七要素"：核心投资逻辑、行业分析、公司竞争力分析、财务分析及预测、估值比较分析、期望收益率匡算、主要风险揭示。"三部曲"中的"严谨清晰的逻辑"和"全面深入的实证"落实到具体投资标的上，即是针对投资建议书"七要素"的系统分析。

"八"是指重阳投资宏观策略研究的"八跟踪"：全球政经动态，全球宏观经济景气度，全球利率、汇率及商品价格，全球热钱流向，国内资本市场政策与要闻，投资者群体行为，系统性及结构性投资机会和风险，大类资产配置建议。

"三四七八"相当于重阳投资的"五事七计"，目的同样是确保投资的先胜后战。

故事一：巴菲特的永恒持股——可口可乐公司

可口可乐公司是巴菲特的非卖品，伯克希尔－哈撒韦公司目前拥有 4 亿股可口可乐公司股票，自 1988 年第一笔投资以来，从未卖出过 1 股。

作为巴菲特的挚爱之一,可口可乐公司自然最为契合他的投资理念。第一,它是一家极为优秀的企业。可口可乐公司的商业模式最为简单易懂,连小孩子都能懂,就是卖可乐。可口可乐公司在1886年就创办了,拥有100多年持续经营的历史。同时,它还是一台名副其实的赚钱机器。它每天卖出18亿份产品,作为股东如果能从每份中获利1美分,那就是每天1 800万美元,每年65.7亿美元的收益。1988年是巴菲特投资可口可乐公司的头一年,在这一年公司的净资产回报率就达到了31%。

第二,价格合理。我们说巴菲特的投资理念经历了从捡烟蒂到用合理价格购买优秀公司的转变。这一转变的第一个案例是喜诗糖果,但真正的第一个大手笔则体现在对可口可乐公司的投资中。如果按照静态的账面价值,巴菲特投资可口可乐公司时付出了一定的溢价。当时可口可乐公司的市盈率是15倍,股价是现金流的12倍,分别比市场平均水平高出30%和50%。巴菲特支付了5倍的市净率,这样只有6.6%的收益率,相对于长期国债9%的收益率,投资可口可乐公司似乎并不具有吸引力。

但是巴菲特认为,股票的价格说明不了价值。可口可乐公司的价值和其他企业一样,取决于公司在未来的存续期内,所有预期股东盈余的折现。

1988年,可口可乐公司股东盈余为8.28亿美元,美国30年期国债的利率(无风险利率)是9%。以1988年的盈余,使用9%

作为贴现率，可以算出公司价值为 92 亿美元。但当巴菲特购买可口可乐时，公司的总市值为 148 亿美元。

按照这种静态的计算方式看，巴菲特买高了，但是别忘了，92 亿美元的估值是基于 1988 年可口可乐公司的盈余计算出来的，这一估值忽视了可口可乐公司未来成长的空间。其实哪怕用 5% 的最保守增长率来计算，公司也至少值 207 亿美元。所以巴菲特的这笔投资仍然具有很好的安全边际。

在另一次演讲中，巴菲特使用了更为简单的相对估值方法。他是这么考虑的：如果要在几年内完全复制出可口可乐这个品牌，需要多大的资金投入？最后他和芒格得出的结论是：就算是这个地球上最好的营销团队，想要复制可口可乐的品牌，即使花 1 000 亿美元也办不到。而当时可口可乐公司的市值还未超过 200 亿美元。一个仅仅品牌价值就超过 1 000 亿美元的公司，用不到 200 亿美元就可以买到，这当然是桩好买卖。

第三，以慢制快，逆向投资。从价格上看，巴菲特的这笔投资不是逆向投资的代表，但如果从时机的选择上看，巴菲特投资可口可乐公司绝对称得上是以慢制快。

巴菲特很小就与可口可乐结缘，五六岁的时候，他就从祖父的杂货铺里花 25 美分批发来六罐可口可乐，然后以一罐 5 美分的价格卖出去，以此牟利。他对可口可乐非常熟悉，但是为什么一直没有大手笔投资呢？是因为他一直在等待一个时机。这个时机就是管理层的变化。

20世纪70年代的可口可乐公司可以说是一团糟。董事长保罗·奥斯汀（Pual Austin）没有用赚来的利润在饮料行业里继续投资，而是打算多元化经营，投资水利项目、养虾厂，他甚至还买了一个酒厂。当时，可口可乐还遭到环保主义者的控诉，最大的海外市场日本又发生了26盎司的可乐罐在货架上爆炸的事件。

反映在经营数据上，可口可乐公司利润率逐步下滑。1974年，公司市值为31亿美元，6年之后，升至41亿美元。换言之，1974—1980年，公司市值的成长率仅仅是每年5.6%，严重跑输标普500指数。在这6年中，公司留存的每一美元仅仅创造了1.02美元的市值。

转折点从管理层的更替开始。1980年罗伯托·戈伊苏埃塔（Roberto Goizueta）成为公司董事长，唐纳德·基奥（Donald R. Keough）成为总裁。

戈伊苏埃塔系统制定了"八十年代的策略"，这个900字的小手册勾勒出可口可乐公司的目标。他剥除了无法产生令人满意的资产回报的生意，卖掉了酒业生意，专注于提升每股盈利和净资产回报率。

效果立竿见影，戈伊苏埃塔上任后的第一年，利润率恢复到

13.7%。到1988年，巴菲特买入可口可乐公司股票的那一年，利润率已经攀升至创纪录的19%。股价也随之上涨，事实上在巴菲特第一次出手的前5年，股价年均上涨18%。也就是说巴菲特并没有赶上股价最低的时候，但是这并不影响他继续看好可口可乐公司。

第四，抓住确定的机会，大举买入。一旦看准了机会，巴菲特就会重重地踏上两只脚。到了1989年底，巴菲特对可口可乐公司的投资占到了伯克希尔－哈撒韦公司投资组合的35%，该公司的股票成为绝对的重仓股。可口可乐公司也没有辜负巴菲特的厚爱，在伯克希尔－哈撒韦公司买入10年之后，该公司的市值从258亿美元上升到1 430亿美元。

可以说，投资可口可乐公司是非常契合巴菲特"先胜后战"理念的经典案例。

故事二：曾国藩的"结硬寨、打呆仗"

一介书生出身的曾国藩如何打败了太平军？其核心秘密就在于"结硬寨，打呆仗"。

一开始与太平军作战时，曾国藩也屡遭败绩，原因在于太平军非常擅长机动作战，他们灵活多变，清军不是中了埋伏，就是被太平军的回马枪杀个措手不及。在靖港一战中，清军损失了三分之一的水师战船，火炮也损失了四分之一。曾国藩为此羞愤交加，两次想跳水自杀，幸好被随从救起。

几次失败之后，曾国藩痛定思痛，逐渐形成了"结硬寨、打呆仗"的战术。

湘军行军都是半天赶路，半天扎营。每天扎下营盘，不管有多累，都必须根据当地的地形地貌选择合适的地点，围绕营地挖出两道一米宽两米深的壕沟，再筑起两道三米的高墙，把自己给保护起来。即所谓"结硬寨"，这是湘军的防守之法。

进攻的时候湘军同样使用了这个笨办法。在围困城市时，他们先在城外修起两三道高墙，配备三四道深沟。这样一来，城里的敌人出不去，城外的援军进不来，城内早晚会水尽粮绝。敌人被围得急了就只得出城进攻，湘军则坚守不出，只在壕沟里防守应战，即所谓"打呆仗"。

在曾国藩看来，来进攻的是客，防守的是主。如果出了防守工事去与敌人对阵，那么就是反主为客，就是"致于人"，要被别人牵着鼻子走。我不出击，就是"致人而不致于人"，敌人进攻久了却不能得手，自然疲惫松懈，此时湘军全力一击，必获全胜。"致人而不致于人"正是《孙子兵法》的精髓，可见曾国藩对《孙子兵法》研究得很深。

在这样的战术下,一旦被湘军铁桶阵围住,太平军基本无路可逃,就像被一只大蟒蛇缠上了一样。但是这种打法也很难速胜,湘军围困江西九江用了16个月,围困当时的安徽省会安庆用了一年半,而围困太平军首府天京(今南京市)则用了两年多时间。

湘军的仗打得一点都不精彩,却非常实用。挖沟修墙是非常费力的事情,曾国藩硬是把湘军变成了一支民工建筑队,行军如同蜗牛,每天只走不到30公里。

曾国藩在一封信中告诫九弟曾国荃:"打仗不慌不忙,先求稳当,次求变化;办事无声无息,既要精到,又要简捷。"这反映的正是曾国藩的"先胜后战"战术。

10

全胜思维：
不战而屈人之兵

什么投资方法最接近投资之仁道?

巴菲特:

第一是尽量避免风险,保住本金;第二还是尽量避免风险,保住本金;第三是坚决牢记前两条。

孙子:

夫用兵之法,全国为上,破国次之;全军为上,破军次之。

10 全胜思维：不战而屈人之兵

上一讲的主题是"先胜后战"，但是先胜只是路径，目标是实现全胜。什么是全胜？全胜就是兵不血刃，在发起战争之前就把敌人降服了，所谓"不战而屈人之兵"。为什么要全胜？因为打起仗来不仅耗费钱财，而且会有大批将士牺牲。所以全胜是一种人道主义的战争观。当然这也同样可以从实用主义的角度来理解，毕竟"亡国不可以复存，死者不可以复生"。国家灭亡了难以重建，人死了不能复活。

所以同样是打仗，却有高低之分。"上兵伐谋，其次伐交，其次伐兵，其下攻城"，上等的军事行动首先是用谋略挫败敌方的战略意图或战争行为，其次是用外交战胜敌人，再次是用武力击败敌军，最下之策是攻打敌人的城池。

但是这里存在一个悖论,按照孙子的主张,真正高明的战法不仅没什么传奇性,甚至可能索然无味。领兵打仗者都希望立下赫赫战功,而孙子却说"善战者之胜也,无智名,无勇功",**真正善战的人,没有很大的名声,也没有勇武的战功**。这就要求将领忘掉个人的荣辱,始终以士兵的生命和国家的安危为重,换句话说他得是"仁将"。

将军要爱兵如子,投资者则要爱本金如子,巴菲特说投资中最重要的三件事:"第一是尽量避免风险,保住本金;第二还是尽量避免风险,保住本金;第三是坚决牢记前两条。"

而投资中同样也有"上兵伐谋",那就是找到一门好的生意,并交由一位靠谱的首席执行官去管理,如此一来巴菲特就可以愉快地做个甩手掌柜,坐享其成。

投资中也有"伐交"。如果发现原来的管理层和经营思路有问题,投资者只好花力气去改变这种局面,比如巴菲特改造伯克希尔-哈撒韦公司。

投资中也有"伐兵",比如所罗门兄弟公司由于违规经营而被财政部处罚,巴菲特只得辞退公司高管,亲自出任所罗门兄弟公司董事会的临时主席,搭上自己的声誉才把公司从"鬼门关"救出来。

最差的投资如"攻城",巴菲特早期因为贪图便宜投资邓普斯特农机制造公司就是一个典型的例子。当他想卖掉公司剩余生产线，处理掉整家公司时，大量居民怒火中烧，甚至要举起草叉包围巴菲特，骂他是"可恶的吸血鬼"。

所以投资也有境界高下之分。要想实现最高境界的"伐谋"，则需要回到价值投资的本源上来，也就是真正把股票当成公司所有权的一部分，找到好的商业模式，并用合理的价格来购买。只有如此，才能实现投资的"全胜"。一言以蔽之，无论作战还是投资，都需要"修道而保法"，才能掌握胜败之大局。

我们来看看三位先生的最后一场对话。

上兵伐谋

> 故善用兵者，屈人之兵而非战也，拔人之城而非攻也。

巴菲特：先生上次谈了"先胜后战"之道，引发了我的进一步思考："先胜后战"是纯粹出于想要取胜而制定的策略，还是有更深层次的考量呢？还请先生继续赐教。

孙　子：沃伦问了一个好问题，"先胜"还不是我想表达的全部，"全胜"才是我想说的根本。或者说"先胜"是策略、是术，"全胜"是战略、是道。

巴菲特：愿闻其详。

孙　子：如果展开讲，我的原话是："夫用兵之法，全国为上，破国次之；全军为上，破军次之；全旅为上，破旅次之；全卒为上，破卒次之；全伍为上，破伍次之。"意思是说，用兵之道，使敌人举国降服是上策，用武力击破敌国就次一等；使敌人全军降服是上策，击败敌军就次一等；使敌人全旅降服是上策，击破敌旅就次一等；使敌人全卒降服是上策，击破敌卒就次一等；使敌人全伍降服是上策，击破敌伍就次一等。

密斯特舒：我给沃伦和查理做个说明，"军""旅""伍"都是军队编制，据《周礼》记载，"军"是一万两千五百人，"旅"是五百人，"卒"是一百人，"伍"是最小的作战单位，只有五个人。

巴菲特：了解，但是为什么要主张"全胜"？

孙　子：试想一下，制造大盾牌和四轮车，准备攻城的所有器具，起码得三个月。堆筑攻城的土山等工事，起码又得三个月。如果将领难以抑制焦躁情绪，命令士兵像蚂蚁一样爬墙攻城，即使牺牲三分之一的士兵，城池也可能攻不下，这就会带来大灾难。所以攻城，是不得已而为之，是没有办法的办法。[①]

[①]《孙子兵法·谋攻篇》有云：**修橹轒辒，具器械，三月而后成，距堙，又三月而后已。将不胜其忿而蚁附之，杀士卒三分之一，而城不拔者，此攻之灾也。**

巴菲特：所以先生主张"全胜"是出于人道主义考虑？

孙　子：可以说是人道主义，也可以说是一种现实考虑。毕竟"亡国不可以复存，死者不可以复生。故明君慎之，良将警之，此安国全军之道也"。国家灭亡了没法重建，人死了不能复活。所以明智的君王必须十分谨慎，优秀的将军也应当时刻警醒，这才是卫国全军的根本之道。

巴菲特：先生在那个兵荒马乱、百姓命如草芥的年代就有这样的人道主义情怀，真是值得敬佩。按照这样的思路，这仗应该怎么打呢？

孙　子："故上兵伐谋，其次伐交，其次伐兵，其下攻城。"这句话是说，最好的军事行动首先是用谋略挫败敌方的战略意图或战争行为，其次是用外交战胜敌人，再次是用武力击败敌军，最下之策是攻打敌人的城池。

巴菲特：有例子可以说明吗？

孙　子：中国历史上有许多案例可以说明，请密斯特舒代劳介绍。

密斯特舒：我们一条一条来举例，先说"上兵伐谋"。

东汉时，叛军高峻占据山西高平县（现高平市），顽固抵抗不投降。大将军耿弇等围攻他，一年都无法攻下。光武帝派出得力干将寇恂去招降，命令他："如果高峻不马上投降，就让耿弇率领五个军营的力量攻打他。"寇恂到了高平之后，高峻派军师皇甫文来见寇恂，但言辞礼节都很傲慢。寇恂大怒，准备杀了皇甫文。将军们都劝谏说："高峻的精兵大多是能开硬功的箭手，连年都无法攻破他们。现在想要招降却杀了他们的使者，恐怕不行吧？"寇恂却坚持把皇甫文杀了，然后派了他的副手回去告诉高峻："军师无礼，已经被杀了。想投降就快点投降，不想投降，就继续固守城中吧。"

高峻惶恐不安，当天就打开城门投降了。将军们问寇恂为什么杀了使者反而成功了。寇恂说，皇甫文是高峻的心腹和谋臣。留着他，他们就得计了。杀了他，高峻就会吓破胆，这就是"上兵伐谋"。

孙　子：我补充一下，所谓伐谋最好是在敌人刚有想法的时候就扑灭它，将想法扼杀于萌芽阶段，因为这时候想法尚未成熟，比较容易扑灭。

巴菲特：精彩。"其次伐交"呢？

密斯特舒：中国历史上最著名的伐交当数春秋战国时期的"合纵连横"。当时，齐、楚、燕、韩、赵、魏、秦七雄并立，但是秦国逐渐脱颖而出，实力胜过了其余六国，一统天下的野心逐渐显露。东方六国单凭自身力量都不能单独抗秦，于是公孙衍与苏秦，先后游说六国，联合抗秦，东方六国纵向联合，所以被称为"合纵"。而秦国则拜苏秦的同学张仪为相，横向与东方国家联合起来攻打别的国家，以此破坏"合纵"局面，被称为"连横"。当然，"合纵"与"连横"的格局并非固定不变，有的国家有时与秦国结盟，有时又与楚国结盟，从而产生了"朝秦暮楚"这样的成语。

在这个阶段有许多有意思的故事，比如张仪拆散齐楚联盟。齐楚两国本来是联盟关系，秦国派张仪去楚国游说，离间齐楚。张仪到楚国收买了贵族靳尚等人，然后向楚怀王承诺如果楚国与齐国断交，秦国将献出六百里土地。楚怀王不听屈原等人的劝告，与齐国断交，当楚人向秦国讨取土地时，秦国却只给了六里地。楚怀王大怒，发兵攻秦，然而没有了齐国的援助，楚国哪里是秦国的对手，遂被秦国击败。

齐国受到楚国的背弃，于是与秦国结盟，联合魏、韩进攻楚国，楚国腹背受敌。最终，楚怀王被秦国邀请"相会"于秦，一直被软禁到死。当然齐国最终也未能逃过被秦国消灭的命运。张仪的连横术对秦国一统天下起到了重要作用。

巴菲特：好厉害的合纵连横！

密斯特舒：是的，至于再往后的伐兵和攻城就是不得已的做法了，就不用举例子了。

巴菲特：我明白了，先生是主张能不用兵就不用兵，能不攻城就不攻城。

孙　子：是的。"故善用兵者，屈人之兵而非战也，拔人之城而非攻也，毁人之国而非久也，必以全争于天下，故兵不顿而利可全，此谋攻之法也。"真正善于用兵的人，不通过打仗就能使敌人屈服，不通过攻城就能使敌人投降，摧毁敌国不需要长期作战，一定要用"全胜"的策略争胜于天下，从而既不使国力、兵力受挫，又获得了全面胜利。这就是谋攻的方法。

不战而屈人之兵

善战者之胜也，无智名，无勇功。

巴菲特：但是一位将军如果按照这种战术，岂不是很难获得赫赫战功？

孙　子：的确如此。所以我说"善战者之胜也，无智名，无勇功"，真正善战的人，没有很大的名声，也没有勇武的战功。

巴菲特：谁是这样的人？

密斯特舒：我们之前谈到过的不败将军程不识就是这样的善战者，汉朝的张良、唐朝的裴度也是类似的善战者。你们西方也有善战者，最近我看到介绍美国南北战争时期的将领温菲尔德·斯科特（Winfield Scott）的文章，他便是这样的将军，稍后我会详细介绍他的事迹。

巴菲特：当将军而不求显赫的战功，这非常难能可贵，需要很高的心性修养。

孙　子：没错。所以我在衡量将军的 5 个标准——"智、信、仁、勇、严"中，将"仁"排在了"勇"的前面。一个将军要有大局观，要站在国家的角度衡量战争的代价，爱兵如子。只有具备这种胸怀，才能够做到无我的境界。

巴菲特：在我们第一次对话时，我记得先生介绍过"仁"的概念，当时的解释是热爱，今天的解释似乎有所不同。

孙　子：沃伦好记性，"仁"的确有多重含义。

巴菲特：那么按照今天的解释，有符合先生标准的人物吗？

密斯特舒：其实先生自己就是这样的将军。他可能自己不好意思说，我来讲个故事。公元前 512 年，吴王阖闾一心想消灭楚国，阖闾与伍子胥、伯嚭率军攻打楚国，夺取了楚国的舒邑，诛杀吴王僚的弟弟、投降楚国的烛庸、掩余两位公子，并谋划攻入楚国的都城郢都。当时先生是吴王器重的军师，是他劝诫吴王说："此时民众疲劳，不能立刻攻打郢都，要等待时机。"吴王这才放弃攻打楚都。先生就是一个心中有百姓的"仁将"。

巴菲特：佩服先生的仁者胸怀。

孙　子：让沃伦见笑了。

密斯特舒：关于爱兵如子，我可以举一个名将吴起的例子。吴起做将军的时候，从不搞特殊化，士兵穿什么衣服，他也穿什么衣服。士兵吃什么食物，他也吃什么食物。士兵睡在地上，他也睡在地上。士兵没有马可以骑，吴起有马也不骑，跟士兵一起徒步。如果军中有士兵生病受伤，吴起必定第一个送去关怀，提供帮助。有一次，一个士兵生了疮，在化脓。吴起知道后，亲自蹲下，用嘴巴给他吮吸毒脓。

巴菲特：有这样的将军，士兵们很难不为他效死命。

孙　子：的确如此。

巴菲特：如果请先生用一句话来总结的话，您会怎么说？

孙　子："不战而屈人之兵，善之善者也。"不通过交战就降服全部敌人，才是最高明的战争。

巴菲特：太精彩了。

孙　子：这与价值投资有什么联系吗？

巴菲特：当然有。

孙　子：那么接下来就请沃伦分享。

惜本金如子

> 投资中也有伐谋、伐交、伐兵和攻城。

巴菲特：当将军要爱兵如子,做投资则要惜本金如子。

孙　子：怎么说？

巴菲特：这就是前面我们提到过的,投资最重要的三件事。本金之于投资家就如同士兵之于将军。没有士兵,将军再厉害也没法打仗；没有本金,再厉害的投资家也难为无米之炊。

密斯特舒：我可以做个补充。财富积累和损失的过程是不对称的,比如当你投资亏了 30%,并不是反弹 30% 你就能回本了,而是要赚 43% 才能回本,如果亏 50%,必须赚 100% 才能回本。人性是厌恶损失的,一旦陷入本金亏损,你很可能会心态失衡,最后以亏损离场。

孙　子：了解,投资经不起大亏。除了珍惜本金之外呢？投资还有可以跟"全胜"思想呼应的方面吗？

巴菲特：投资中也有伐谋、伐交、伐兵和攻城的不同境界。

孙　子：哦,这听起来很有意思,能否请沃伦一一介绍？

巴菲特：我们先说伐谋。在第一次对话时我提到过,我和查理一旦选好了一位首席执行官，就完全放权交给他去做，谋定而后动。

"在伯克希尔－哈撒韦公司，我们一直认为，要教盖可保险公司首席执行官托尼·奈斯里（Tony Nicely）这样杰出的经理人如何经营公司是一件相当愚蠢的事情，事实上要是我们一直在背后指指点点的话，大部分的经理人可能早就干不下去了。坦白说，他们大多数人根本没有必要再靠工作过活，75% 以上的人都已经相当富有了，他们可以说是商场上的马克·麦奎尔（Mark McGwires），根本不需要我们去指导他如何拿球棒或何时挥棒。"我们要做的就是确保这些优秀的首席执行官能够发挥自己百分之百的才华。

孙　子：沃伦为什么能够做到这一点呢？

巴菲特：这除了我和查理的个人理念之外，也跟伯克希尔－哈撒韦公司的特殊股权结构相关。"很少有上市公司的经理人可以如此自主地经营公司，这是因为大部分公司的股东往往只看重短期利益。相较之下，伯克希尔－哈撒韦公司的股东群几十年来一直相当稳定，他们的投资眼光长远，这一点在其他上市公司很少见。事实上，这些股东打算一直持有伯克希尔－哈撒韦公司的股票，也因此，旗下的经理人可以用一辈子的时间来经营公司，不必为下一季的盈利情况而烦恼。"

孙　子：这真是一种非常高明的经营和投资模式，的确堪称"上兵伐谋"，那么"其次伐交"呢？

巴菲特：如果我发现原来的管理层和经营思路有问题，我也会花力气改变这种局面，最典型的当数我现在掌控的伯克希尔－哈撒韦公司了。还是请密斯特舒先生介绍。

密斯特舒：伯克希尔－哈撒韦公司的前身从事纺织业，沃伦于1965年收购了它。那个时候的沃伦还处于"捡烟蒂"的时期，收购伯克希尔－哈撒韦公司主要是看中它便宜。沃伦入手伯克希尔－哈撒韦公司时，它的股价为7.50美元，与每股10.25美元的营运资本和20.20美元的账面价值相比，有很大的空间。

本来沃伦与公司首席执行官谈好，公司会以每股11.50美元的价格回购沃伦手上的股票，但最终他们只肯按每股11.38美元回购，也就是每股少了0.12美元，沃伦一气之下就买下了整个公司，并且开除了首席执行官。

没想到这是沃伦噩梦的开始。纺织业是一个日薄西山的行业，它属于"资本密集型＋劳动力密集型"行业，除了需要消耗大量的资本不说，还要管理大量的人员。不管沃伦怎样投入资本，更换新的管理层，公司的纺织业务都毫无起色。

沃伦发现自己陷入了一个绝望的困境：如果大笔进行资本投入，可以让公司的纺织业务存活下去，但相对的投资回报却少得可怜；如果不继续投资，公司将不再具备竞争力，就会被淘汰。

1985 年，沃伦终于忍不住把伯克希尔－哈撒韦公司的纺织厂关闭了。但是这项业务整整耽误了沃伦 20 年时间。伯克希尔－哈撒韦公司现在的成功是因为沃伦将其改造成了一家控股型公司。

巴菲特： 往事不堪回首，这是我犯过的最"孩子气的错误"。

孙　子： 沃伦从中得到了怎样的教训？

巴菲特： "当你遇到一艘总是会漏水的破船后，与其不断费力气地去补破洞，倒不如把精力放在如何换条好船上。"

孙　子： 这的确有点像"伐交"，还好最终成功了。那么如何看待价值投资中的"伐兵"呢？

巴菲特： 这方面就要谈到我羞于启齿的所罗门兄弟公司的往事了，还是密斯特舒来讲吧。

密斯特舒： 事情是这样的。所罗门兄弟公司成立于 1910 年，是美国最大、盈利能力最强的投资银行，被称为华尔街"证券之王"。后来，由于成为利益集团恶意收购的对象，所罗门的首席执行官开始向沃伦求救。虽然沃伦本人并不喜欢投资银行，但是由于早年所罗门帮助过沃伦旗下的盖可保险公司，所以他不顾查理的反对，还是入股了所罗门。不过出于安全起见，沃伦购买的是所罗门的优先股，按照约定的条件，只要所罗门不陷入破产危机，沃伦的这笔投资肯定可以获利。

然而，所罗门员工的贪婪还是超出了沃伦的想象。当时所罗门是美国国债最大的交易商，为了获利，交易员莫舍竟然违规突破财政部的承销上限规定。而公司董事长（也是沃伦信任的老朋友）约翰·古特弗罗因德（John Gutfreund）不但没有及时处分莫舍，反而还把事实压下，试图瞒天过海。1991年8月12日，《华尔街日报》刊登了一篇内容为"所罗门违规操作中期国债"的文章，一时哗然，美国财政部准备宣布禁止所罗门参加它们组织的竞拍，一旦宣布，相当于判了所罗门死刑。

危急关头，沃伦决定出任所罗门董事会的临时主席，并强迫约翰·古特弗罗因德和其他两名高级管理人员辞职。之后他致电美国财政部部长，以自己的信用做背书吁请财政部手下留情。因为如果禁止所罗门的竞拍权利，会造成近万人失业，并影响到华尔街其他重要公司。最终，美国财政部部长决定对所罗门网开一面。查理对此评价道："这显示了拥有好的声誉在生活中的巨大帮助。"

> 所罗门躲过一劫，沃伦后来也成功退出了这笔投资，但是教训依然十分深刻，可以说是"惨胜"。

巴菲特：密斯特舒概括得非常准确，这的确是"惨胜"，那些收益与我们所付出的精力和声誉完全不成正比。

孙　子：最后，有类似"其下攻城"的案例吗？

巴菲特：其实我早期投资邓普斯特农机制造公司就是一个典型的例子，我差点被当地居民围攻了，真是狼狈不堪。

孙　子：听下来投资果然跟战争一样，"伐谋"是最高明的。

巴菲特：的确如此，这跟先生的兵法毫无二致。

回归价值本道

> 股票本质上是公司的部分所有权。

孙　子：沃伦有这么多成功的经验，也偶尔遭遇过失败，如果总结起来，怎样才能确保投资中成功"伐谋"呢？

巴菲特：我想这归根到底还是要回到投资的本质上来。

孙　子：投资的本质是什么？

巴菲特："股票本质上是公司的部分所有权，股票的价格是由股票的价值，也就是公司的价值决定的。而公司的价值又是由公司的盈利情况及净资产决定的。"

孙　子：但是看起来股票价格总是涨涨跌跌，难以预测。

巴菲特："虽然股票价格上上下下的波动在短期内很难预测，但长期而言一定是由公司的价值决定的。"

孙　子：所以沃伦成功都是因为坚持了这一点，失败都是因为违背了这一点？

巴菲特：没错，你看密斯特舒前面提到的我的几个不成功的案例，要么是因为我过度贪图便宜（伯克希尔－哈撒韦公司、邓普斯特农机制造公司），要么是因为感情用事（所罗门）而没有从企业的价值出发，从而陷入了泥潭。

孙　子：难怪我看很多人把你们的投资方法叫作价值投资。

巴菲特：是的，回归到价值是投资的终极正道，这于己于人都有好处。

孙　子：有怎样的好处？

巴菲特：坚持价值才能可持续，我和查理都抱着找配偶一样的心态来找股票，"你买一家公司的股票，就要与这只股票结婚，而不是一夜情，随便找个人派对，厌烦了就换新的"。

孙　子：这个比喻有意思，这么看来挑选股票不但要有眼光，还需要有爱，这真是考验。

巴菲特：这方面查理有很多精彩的比喻。

芒　格："如何才能找到一个优秀的配偶？最好的方式就是让自己配得上他，因为优秀配偶都不是傻瓜。"找股票也是一样，"要得到你想要的某样东西，最可靠的方法是让你自己配得上它"。

孙　子：有意思，我今天总算明白沃伦和查理如此学而不倦、努力让自己进步的原因了。

巴菲特：先生见笑了，还请先生点评。

孙　子：听了沃伦和查理这段高见，我的确有一句话点评："善用兵者，修道而保法，故能为胜败之政。"一个真正善于用兵的人，时刻注意修明道义，保持法度，这样才能够掌握胜败大局。在投资上，坚持价值为本，严守投资纪律，就是沃伦和查理的"修道而保法"。我通过这10次与沃伦和查理的对话，真的受益良多。

巴菲特：先生客气，我也同样收获匪浅！

芒　格：我也是，感谢先生的精彩分享！

密斯特舒赞叹

打得赢也要算代价

"走为上计""瞒天过海""借刀杀人""顺手牵羊""浑水摸鱼""趁火打劫""笑里藏刀"等计谋深入人心。在不少人的印象中，《孙子兵法》就是"三十六计"，这是对《孙子兵法》的巨大误解，"三十六计"源于南北朝，成书于明清。不可否认三十六计中有些可能脱胎于《孙子兵法》，比如"围魏救赵""以逸待劳"等，但更多的是民间智慧的杂糅和演绎。

当然，《孙子兵法》中也有诡道的成分，但这个诡道主要强调的是变化之道而不是阴谋诡计之道。而在诡道之上还有仁道，这集中体现在孙子的"全胜"思想当中。最好的战争不是要将敌人敌军敌城消灭殆尽，而是要保全敌人敌军敌城，同时让敌人归顺于我。结合春秋时期兵祸相接，动辄屠人城池、毁人宗室的历史背景，《孙子兵法》的这种观念犹如黑暗的夜空中劈出的一道耀眼闪电，充满了人性的光辉。如果将这种观念用现代语言来表述，那便是：**打得赢也要算代价，杀敌一千自损八百的胜利没有意义。**

魏文侯曾经问扁鹊，他家兄弟三人中谁的医术最好。扁鹊回答说大哥的医术最好，二哥的医术次之，他的医术最差。魏文侯不解，为什么你自以为医术最差，却闻名天下呢？扁鹊说："我大哥治病，在病情尚未发作前就施治，将病根予以铲除，外人不知道他的医术，只有家人知道，所以没有名气。二哥治病，是在疾病初起、症状很浅时施治，虽药到病除，但乡里人认为他只是会治小病的医生，所以名声不大。而我治病，都是在病人病情危重、痛苦万分之时施治，分别应用针灸、药物内服外敷，甚至动用手术，使病情转危为安，所以大家都认为我的医术神奇。"对应《孙子兵法》，扁鹊大哥是"伐谋"，二哥是"伐交"，扁鹊则相当于"伐兵"和"攻城"。不过扁鹊有这份谦逊，也称得上医者仁心。

价值投资之道与此高度相通。这种方法要求爱惜本金，用最小的代价买到好的企业。它也要求爱惜被投资的企业，必要的时候通过改善治理帮助它们实现增长。同时它也要求爱惜自己，因为只有这样才能配得上优秀的企业。所以巴菲特和芒格都是学习达人，他们在进化之路上永不停止。**投资方法各有门路，而价值投资摒弃了零和博弈思维，是一种实现多方共赢的仁者投资之道，或者说是一种投资中的全胜之道。**

投资故事和战事

笔者所在的重阳投资在业内最早提出"重阳S4"——多基金经理共管模式,希望通过治理模式的创新为价值投资保驾护航,谋取"先胜"与"全胜",与投资人实现共赢。在介绍有关"重阳S4"的细节之后,我会再介绍两个故事,一个是巴菲特投资盖可保险公司,另一个是南北战争时期最终帮助北方实现胜利的"蟒蛇计划",从而体会投资与战争中的"不战而屈人之兵"。

重阳实践:"重阳S4",用共管谋"全胜"

资产管理犹如作战。有些投资人喜欢把资金交给一位明星基金经理,希望以此实现财富的快速增值。这听起来似乎的确是一种符合逻辑的致富捷径,但实际上有待细究。

我们要承认在资本市场上的确存在能力过人的明星基金经理,

他们的存在极大地增添了行业的魅力和市场的活力，市场需要这样的明星以发挥榜样效应。但是我们也要看到，在股市投资中，"一年三倍者如过江之鲫，三年一倍者却寥若晨星"，投资者需要理性区分，他们到底是长盛不衰的明星，还是一时闪耀但很快消逝于暗夜的流星。

从近些年国内外的实践来看，追逐单个明星基金经理的方法效果并不佳。它容易出现以下几个问题：第一，单个基金经理自身的能力圈有限，要全面应对市场风格变化和行业轮动，存在较大的难度；第二，基金经理一旦由于各种原因卸任，产品业绩难免遭遇"变脸"，业绩连续性存疑。第三，也是最大的问题在于，单个明星基金经理为了延续业绩神话，往往变成一个行业或主题基金的代表，风格的过度固定导致业绩的大起大落。

以美国近年来最火的明星基金经理"木头姐"凯瑟琳·伍德（Cathie Wood）为例，其旗舰产品方舟创新基金（ARKK）2020年初以来，用不到一年时间以火箭速度从33美元上涨到159.7美元，涨幅高达5倍；然而随后两年呈直线下跌之势，一直跌到最低29.4美元，比最高价跌了81%。统计ARKK的份额增长情况可以看出，其快速增长正是发生在净值快速增长的同期，更有意思的是在其净值增长冲顶回落的头几个月，基金份额还延续了一个冲顶的过程，也就是说在ARKK基金净值回落之初，有更多人冲进去买了她的基金。不难体会到两年多以来这部分追高的投资者欲哭无泪的心情。如此大起大落，究其原因是木头姐的投资风格过于极端，她是科技股的狂热爱好者，大量布局科技创新赛道，比如DNA技术、自动化、机器人和能源储存、人工智能以及金融科技等。ARKK是典型的赛道基金，难免其涨也速，其跌也忽。

做一个有意思的对比。2020年全年，作为老派的价值投资代表，巴菲特的业绩被木头姐"吊打"，然而到了2022年初，随着巴菲特业绩的稳定上涨和木头姐的神话跌落，巴菲特掌舵的伯克希尔－哈撒韦公司的股价重新迎头赶上木头姐执掌的ARKK（见图10-1）。

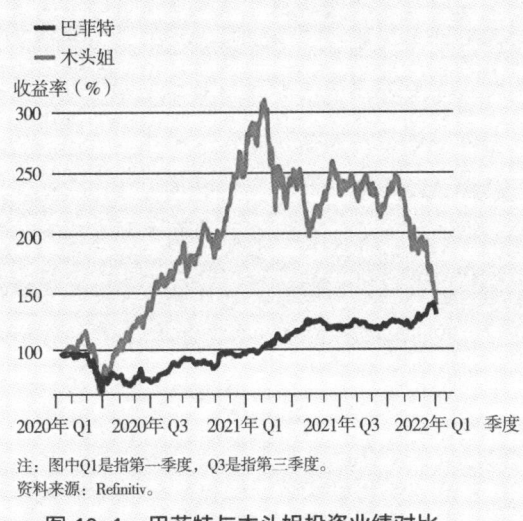

注：图中Q1是指第一季度，Q3是指第三季度。
资料来源：Refinitiv。

图10-1　巴菲特与木头姐投资业绩对比

如果用《孙子兵法》的方法论来做解读，木头姐集中投资于竞争前景高度不确定且估值过高的新兴科技股，是"先战而后求胜"，而巴菲特则如前面所述，实行的是"先胜"和"全胜"战略。

不得不承认，无论是巴菲特的个人能力还是伯克希尔－哈撒韦公司的商业模式都很难复制，但是在承认这一点的基础之上，我们是否可以找到另外一条同样符合"先胜后战"底层逻辑的资产管理路径呢？

答案是肯定的。1958年4月1日，美国资本集团实施了一项名为"多元顾问制度"的管理革命。这项制度的精髓是由多名投资经理共同管理基金的一部分，而不再像以前那样由单个基金经理管理各自的基金产品。实施这一制度的原因是美国资本集团发现在此前的"个人英雄主义模式"下，虽然基金经理的权限很大，但是投资业绩却不佳。而在新的制度下，基金经理仍然对自己管理的组合部分拥有决定权，与此同时由投资委员会监督和协调所有的组合，以保证所有的投资都服务于基金的整体目标。《长线：资本集团的成功之道》(Capital:the Story of Long-term Investment Excellence)一书作者查尔斯·埃利斯(Charles D. Ellis)总结了多元顾问制度的主要优点：

- 个人对所采取的行动负责任，直接与货币和非货币的薪酬挂钩。
- 客观地评定结果。
- 提升证券投资组合经理的职业满足感和成就感。
- 证券投资组合更加多样化。
- 证券投资组合经理离任后的连续性。
- 结果的一贯性。

10 全胜思维：不战而屈人之兵

"其实是多样化促进了连续性"，美国资本集团的吉姆·罗滕伯格（Jim Rothenberg）如此总结多元顾问制度的特点。在刚开始实施多元顾问制度时，美国资本集团管理的资产规模是4亿美元，而如今，它在实施该制度多年后，管理着超过2.6万亿美元的资产，是原有资产的6 000多倍。

在美国资本集团之后，普信集团、富达投资集团、先锋集团及头部私募基金桥水投资公司、千禧基金、城堡投资等也都采用了类似的多基金经理共管制度。虽然各家公司的执行细节不一，但是内核是统一的。

可以说，国外资产管理行业经过近百年的不断摸索、进化和迭代，发展出的多基金经理共管模式是一条已被实践证明了的行之有效的路径。

只不过这个模式的有效施行需要公司有一整套制度和系统乃至文化的配合。仍以美国资本集团为例，他们在培养人才方面投入了巨大的精力和财力，公司也营造了一种相互依赖、相互尊重和人与人之间愉快相处的和谐氛围，内部没有骄傲自大的明星大腕，那些不利于员工一起有效工作的等级标记被完全取消。另外，美国资本集团在热点不断变换、投资风格不断变化的大潮中始终注重长期效果。当竞争对手将时尚的产品（比如互联网或者高科技基金）带到市场上时，美国资本集团并没有推出类似的产品，因为他们知道投资者往往是在最糟糕的时间把钱投入此类基金。

在国内，重阳投资是最早的多基金经理共管模式践行者之一。重阳投资之所以能在行业率先采纳多基金经理共管模式，也是因为重阳投资是国内最早成立的一批私募基金管理公司之一。重阳投资第一只私募产品"重阳1期"从2008年开始运行至今已经逾15年，重阳投资在系统的人才梯队培养、团队能力建设方面的工作也开展得比较早。

从重阳投资的实践出发，我们总结多基金经理共管模式的有效推行需要具备四大基本要素：杰出的人才（swordsman）、有效的协作（synergy）、完善的系统（system）和优秀的业绩（superiority）。这四个要素的英文首字母都有一个S，这就是为什么重阳投资把多基金经理共管模式命名为"重阳S4"。

第一个S是杰出的人才。重阳投资进入共管模式的基金经理均毕业于国内外著名高校，他们学业背景良好且各有所长，同时又非常专注和努力，是重阳投资严格培养机制下脱颖而出的佼佼者。他们是共管模式能够成功的基石。重阳用"剑客"（swordsman）一词来指代他们，因为他们每个人都经过10年甚至10年以上在重阳投研和管理体系下的培养训练，都是重阳投资创始人、首席投资官裘国根先生亲自带出来的徒弟，可以说是"十年磨一剑"。

第二个S是有效的协作。要想做到投研的良性互动，基金经理之间彼此赋能从而产生协同效应，各自有自己的专业能力和能力圈很重要，彼此信任也同样重要。重阳投资的基金经理很强调彼此学习借鉴的重要性，背后一个重要的原因是他们彼此信任。他们一起共事十多年，彼此了解对方能力圈的深度和边界，有同样的投资理念，甚至使用同样的语言体系，沟通成本非常低。打个比方，他们就像一起参加过多次九死一生战斗的战友。在这个意义上，"重阳S4"基金经理有机组合就构成了一个超级能力圈，它具有以下特点：1.投资决策委员会统一的策略指引；2.各自拥有独特的能力圈；3.长期磨合，团队作战；4.耦合效应，彼此赋能。

第三个S是完善的系统。共管模式的成功需要系统保障。

首先是人才培养体系。重阳投资早在2006就开始校园招聘，经过这么多年一轮轮的校园招聘，重阳投资已经形成了一整套内部人才培养机制和有板凳深度的人才梯队。我们的基金经理培养要经过研究员、培养基金经理、基金经理助理、共管基金经理等不同阶段，这一过程历时10年。

其次是投研流程的保障。重阳投资的共管模式是在投资决策委员会指导下的基金经理负责制，具体包括投资决策委员会在仓位区间、标的入核心股票库、关键风控参数等方面给予共管基金经理以指引；而共管基金经理则在此框架内，在选股、择时等方面有相当大的自主决策权。在系统性机会或风险比较突出的时候，投资决策委员会会通过显著提高或降低仓位中枢水平，以及收窄仓位区间的方式来加强自上而下的指引；而在没有明显的系统性机会或系统性风险时，投资决策委员会会把仓位区间定得比较宽，从而给每位共管基金经理留出更大的自下而上的操作空间。

再次是中后台系统的支撑。共管模式不仅是对投研体系进行再造，而且也需要强大的中后台支撑。为了共管模式的顺利运行，重阳投资投入资源开发了一整套内部IT系统，从交易结算、报表核算到合规风控，再到绩效考核等几方面完成对公司前中后台体系的重塑。

最后是统一的理念及公司文化。这些理念包括价值投资接力法、逆向投资，以及绝对收益等。这些是重阳投资多年实践总结出来的方法论，经过多轮的牛熊市更替，已经被证明是行之有效的。而在企业文化方面，重阳投资很早就提炼出了"协作、分享、坦诚、谦逊、心胸开阔"的企业文化核心要素。这听起来很虚，但从长期来看，却是润物细无声，是让组织良性运转的底层依托。

第四个S是优秀的业绩，共管模式大大拓展了超额收益阿尔法的潜在来源，同时又不影响各自的质量。

总结起来，多基金经理共管模式可以说是资产管理行业的"先胜后战"：通过破除"个人英雄主义"的障碍，发挥集团作战的系统化优势，帮助管理人实现投资业绩可持续、投资风格可复制、投研能力可迭代，以及管理规模可拓展，最终为投资人带来良好的绝对收益体验。

10 全胜思维：不战而屈人之兵

中国资产管理行业作为后起之秀，如果能充分借鉴经理共管模式精髓，相信能够少走很多弯路，甚至可以实现弯道超车。

故事一：巴菲特与盖可保险公司

1950年，巴菲特20岁，当时正在哥伦比亚大学求学，他的老师格雷厄姆是盖可保险公司的董事。这激起了巴菲特的好奇心，他决定去探访一下这家公司。一个周六，他敲响了公司的大门，看门人带他见了当天唯一值班的经理人——洛里默·戴维森（Lorimer Davidson）。戴维森花了5个小时非常耐心地向这位年轻人解释了公司的与众不同之处。巴菲特被说服了，随后投资了1万美元购买盖可保险公司的股票，不过他一年之后就卖出了，获利50%。那时候的巴菲特还是个"玩票"的青年。26年后的1976年，巴菲特才真正抓住了盖可保险公司这一富矿。

1976—1980年，巴菲特共投资了4 700万美元在盖可保险公司的一只股票上，这成为他当时投资组合中的最大持股。

盖可保险公司具有十分简单而优秀的商业模式，它成立于1936年，全称是"政府雇员保险公司"。一开始，盖可保险公司为政府工作人员提供车险服务，创始人认为这一群体是谨慎驾驶者，发生交通事故概率较小。1958年洛里默·戴维森担任盖可保险公司的董事长，将汽车保险范围扩大到专业人士、管理人士、高科技人群和行政事务人员。这些群体同样是谨慎驾驶者,盖可保险公司因此取得了极大的成功,市场占有率从15%提高到50%。

1970年戴维森退休,来自华盛顿的律师戴维·克里格(David Krieger)出任总裁。他做了两大改革,一是进行了代价高昂、雄心勃勃的多元化发展,范围包括房地产、电脑设备和人力资源等方面。1973年,面对激烈的市场竞争,公司降低了核保标准,将蓝领工人和21岁以下驾驶员人群纳入投保范围,他们属于非谨慎驾驶人群。但同年政府放开保险价格管制,随之而来的是全社会汽车维修和医疗成本大幅攀升。于是盖可保险公司的业绩出现大幅下滑,1974年,公司首次出现了损失,1975年亏损数额达到惊人的1.25亿美元。

1972年,盖可保险公司的股价最高曾达到每股61美元,到1973年跌去了一半,1974年跌至10美元,1975年再跌至7美元,1976年探低至5美元,犹如一个无底洞。

1976年,43岁的旅行家集团市场总监约翰·伯恩(John Boyne)成为公司的新总裁,他上任不久就宣布了一个7 600万美元的优先股集资计划以增加公司资本,但是市场并不买账,公司股价下滑至2美元。

正是在这个时候,巴菲特出手了。他认为盖可保险公司虽然遭遇了危机,但不会毁灭,即使其净资产为零,盖可保险公司仍然值

10 全胜思维：不战而屈人之兵

很多钱，因为它的特许经营权还在。

而伯恩显然是一个非常理性的职业经理人，他通过裁员、关闭100个办公室等办法使得盖可保险公司回到了最初的发展定位上——一个低成本的保险供应商。伯恩上任的第一个完整财务年度就创造了扭亏为盈的奇迹。到了1981年，盖可保险公司成为美国第七大汽车保险公司时，伯恩仍然和其他两名高管共用一个秘书。巴菲特曾评价道："伯恩就像个养鸡场的农场主，他将鸵鸟蛋扔进母鸡舍，然后说，'嘿，这是竞争的结果！'"

从1983年起，盖可保险公司用留存现金进行再投资已不合算，于是决定将现金回馈股东。10年间，盖可保险公司回购了3 000万股股票，减少了公司30%的普通股总股本。除此之外，公司还增加了分红数量。这些举措都提升了股东的权益。1980年投资于公司的每一美元，到1992年升值为27.89美元，盖可保险公司的市值也相应从2.96亿美元增长到46亿美元。

一桩拥有特许经营权的极好的生意，由于职业经理人的不明智决定而遭遇滑铁卢，但是根基未被动摇。巴菲特在盖可保险公司最困顿的时候走过去将其捡了起来，真可谓"不战而屈人之兵"。

故事二：斯科特与"蟒蛇计划"

说起美国南北战争，我们自然会想到亚伯拉罕·林肯、尤里西斯·辛普森·格兰特（Ulysses Simpson Grant）将军、罗伯特·李（Robert Lee）将军，但是对于另一位对打败南方起到决定性作用的真正英雄——温菲尔德·斯科特却知之甚少。

斯科特是谁？为什么说他才是对打败南方起决定性作用的真正英雄呢？斯科特早年学习法律，后转入行伍。年仅26岁的斯科特在美国第二次独立战争中因战功晋升为少将，此后相继参与了黑鹰战争、阿鲁斯图克战争、俄勒冈边界冲突及迁移印第安人的行动，战功显赫。他也是美军历史上继乔治·华盛顿（George Washington）之后的第二个中将。南北战争爆发后，斯科特被任命为北方军队总司令。他提出了一个非常有想象力的"蟒蛇计划"。

斯科特认为南方在军队素质和作战经验上比北方有优势，但是也有致命的弱点。从经济上来说，当时南方经济是以奴隶制种植园为主的农业经济，南方的工业基础比较薄弱，一直以来都依赖从北方和欧洲进口工业品。从军事上看，南方陆路交通不便，河流是最主要的交通线。

斯科特的蟒蛇计划从经济封锁和军事进攻两方面双管齐下。经济上，封锁南方的所有港口，尤其是9个与内地铁路相连的港口，断绝南方与欧洲国家的贸易联系，使南方无法获得维持经济和战争所必需的工业品和武器装备。军事上，组成两个强大的军团。东线以一个军团进攻南方的首都里士满，把南方主力牵制在弗吉尼亚州之内。西线以另一个军团沿着密西西比河向南推进，占领整个密西西比河，切断南方东西部的联系；然后向东进攻，压缩南方的空间。最后配合东线的军团南北夹击，在弗吉尼亚州全歼南方军队。

这可以说是一个非常漂亮的战略构想，既充分发挥了北方的优势，又让南方的军事优势无法施展。一旦南方的经济被摧毁，南方军队自然不战自败。

可惜林肯总统一开始没有认识到蟒蛇计划的价值。加上南方军队在罗伯特·李将军的率领之下，以攻为守，直接威胁北方首都华盛顿。林肯被眼前的压力所困，与南方军主力在华盛顿和南方首都里士满之间反复拉锯，但始终无法形成压倒性的优势。

战争爆发的第二年（1862年），斯科特由于年事已高（76岁）退休，后继几任北方军总司令战略不明，导致战势胶着。直到1864年3月，林肯任命"酒鬼将军"格兰特为总司令。格兰特制订了一个结束战争的计划。这个计划的核心是开辟两条战线：在东线，由他本人用不断的进攻把李将军的部队牵制在弗吉尼亚州境内。在西线，由谢尔曼将军攻占南方的门户亚特兰大，打进南方的腹地，向东再向北对李将军的后方进行釜底抽薪式的打击。同时海军负责对南方实施"窒息式封锁"，切断南方的对外联络。这个计划正是斯科特蟒蛇计划的翻版。

南北战争从此发生决定性的转折，一年之后，南方在北方军"大蟒蛇"的不断收缩挤压之下走到了山穷水尽的地步。罗伯特·李只好率众向格兰特投降。

如果一开始就实施斯科特的计划，战争或许会提前结束。不知道斯科特是否读过《孙子兵法》，但是蟒蛇计划体现了以最小代价收获最大利益的全胜之道。

斯科特幸运地在临终之前看到了计划的实施与胜利，而他自己却被后人淡忘，正好印证了孙子所说的"善战者之胜也，无智名，无勇功"。

附 录

《孙子兵法》全文

始计篇

孙子曰：兵者，国之大事，死生之地，存亡之道，不可不察也。故经之以五事，校之以计，而索其情：一曰道，二曰天，三曰地，四曰将，五曰法。道者，令民与上同意也，故可以与之死，可以与之生，而不畏危。天者，阴阳、寒暑、时制也。地者，远近、险易、广狭、死生也。将者，智、信、仁、勇、严也。法者，曲制、官道、主用也。凡此五者，将莫不闻，知之者胜，不知者不胜。故校之以计，而索其情，曰：主孰有道？将孰有能？天地孰得？法令孰行？兵众孰强？士卒孰练？赏罚孰明？吾以此知胜负矣。

将听吾计，用之必胜，留之；将不听吾计，用之必败，去之。

计利以听，乃为之势，以佐其外。势者，因利而制权也。兵者，诡道也。故能而示之不能，用而示之不用，近而示之远，远而示之近；利而诱之，乱而取之，实而备之，强而避之，怒而挠之，卑而骄之，佚而劳之，亲而离之。攻其无备，出其不意。此兵家之胜，不可先传也。

夫未战而庙算胜者，得算多也；未战而庙算不胜者，得算少也。多算胜，少算不胜，而况于无算乎！吾以此观之，胜负见矣。

作战篇

孙子曰：凡用兵之法，驰车千驷，革车千乘，带甲十万，千里馈粮。则内外之费，宾客之用，胶漆之材，车甲之奉，日费千金，然后十万之师举矣。

其用战也胜，久则钝兵挫锐，攻城则力屈，久暴师则国用不足。夫钝兵挫锐，屈力殚货，则诸侯乘其弊而起，虽有智者不能善其后矣。故兵闻拙速，未睹巧之久也。夫兵久而国利者，未之有也。故不尽知用兵之害者，则不能尽知用兵之利也。

善用兵者，役不再籍，粮不三载；取用于国，因粮于敌，故军食可足也。国之贫于师者远输，远输则百姓贫。近于师者贵卖，贵卖则百姓财竭，财竭则急于丘役。力屈、财殚，中原内虚于家，百姓之费，十去其七；公家之费，破军罢马，甲胄矢弩，戟盾蔽橹，丘牛大车，十去其六。

故智将务食于敌，食敌一钟，当吾二十钟；萁秆一石，当吾二十石。故杀敌者，怒也；取敌之利者，货也。车战得车十乘以上，赏其先得者而更其旌旗。车杂而乘之，卒善而养之，是谓胜敌而益强。

故兵贵胜，不贵久。

故知兵之将，民之司命，国家安危之主也。

谋攻篇

孙子曰：夫用兵之法，全国为上，破国次之；全军为上，破军次之；全旅为上，破旅次之；全卒为上，破卒次之；全伍为上，破伍次之。是故百战百胜，非善之善者也；不战而屈人之兵，善之善者也。

故上兵伐谋，其次伐交，其次伐兵，其下攻城。攻城之法，为不得已。修橹轒辒，具器械，三月而后成，距堙，又三月而后已。

将不胜其忿而蚁附之，杀士卒三分之一而城不拔者，此攻之灾也。

故善用兵者，屈人之兵而非战也，拔人之城而非攻也，毁人之国而非久也，必以全争于天下，故兵不顿而利可全，此谋攻之法也。

故用兵之法，十则围之，五则攻之，倍则分之，敌则能战之，少则能逃之，不若则能避之。故小敌之坚，大敌之擒也。

夫将者，国之辅也。辅周则国必强，辅隙则国必弱。

故君之所以患于军者三：不知军之不可以进而谓之进，不知军之不可以退而谓之退，是谓縻军。不知三军之事而同三军之政者，则军士惑矣。不知三军之权而同三军之任，则军士疑矣。三军既惑且疑，则诸侯之难至矣。是谓乱军引胜。

故知胜有五：知可以战与不可以战者胜；识众寡之用者胜；上下同欲者胜；以虞待不虞者胜；将能而君不御者胜。此五者，知胜之道也。

故曰：知彼知己，百战不殆；不知彼而知己，一胜一负；不知彼，不知己，每战必殆。

军形篇

孙子曰：昔之善战者，先为不可胜，以待敌之可胜。不可胜在己，可胜在敌。故善战者，能为不可胜，不能使敌之必可胜。故曰：胜可知，而不可为。

不可胜者，守也；可胜者，攻也。守则不足，攻则有余。善守者，藏于九地之下，善攻者，动于九天之上，故能自保而全胜也。

见胜不过众人之所知，非善之善者也；战胜而天下曰善，非善之善者也。故举秋毫不为多力，见日月不为明目，闻雷霆不为聪耳。古之所谓善战者，胜于易胜者也。故善战者之胜也，无智名，无勇功，故其战胜不忒，不忒者，其所措必胜，胜已败者也。故善战者，立于不败之地，而不失敌之败也。是故胜兵先胜而后求战，败兵先战而后求胜。善用兵者，修道而保法，故能为胜败之政。

兵法：一曰度，二曰量，三曰数，四曰称，五曰胜。地生度，度生量，量生数，数生称，称生胜。故胜兵若以镒称铢，败兵若以铢称镒。胜者之战民也，若决积水于千仞之溪者，形也。

兵势篇

孙子曰：凡治众如治寡，分数是也；斗众如斗寡，形名是也；三军之众，可使必受敌而无败者，奇正是也；兵之所加，如以碫投卵者，虚实是也。

凡战者，以正合，以奇胜。故善出奇者，无穷如天地，不竭如江海。终而复始，日月是也。死而更生，四时是也。声不过五，五声之变，不可胜听也。色不过五，五色之变，不可胜观也。味不过五，五味之变，不可胜尝也。战势不过奇正，奇正之变，不可胜穷也。奇正相生，如循环之无端，孰能穷之哉！

激水之疾，至于漂石者，势也；鸷鸟之疾，至于毁折者，节也。故善战者，其势险，其节短。势如彍弩，节如发机。纷纷纭纭，斗乱而不可乱；浑浑沌沌，形圆而不可败。乱生于治，怯生于勇，弱生于强。治乱，数也；勇怯，势也；强弱，形也。

故善动敌者，形之，敌必从之；予之，敌必取之。以利动之，以卒待之。故善战者，求之于势，不责于人，故能择人而任势。任势者，其战人也，如转木石。木石之性，安则静，危则动，方则止，圆则行。

故善战人之势，如转圆石于千仞之山者，势也。

虚实篇

孙子曰：凡先处战地而待敌者佚，后处战地而趋战者劳，故善战者，致人而不致于人。能使敌人自至者，利之也；能使敌人不得至者，害之也，故敌佚能劳之，饱能饥之，安能动之。出其所不趋，趋其所不意。行千里而不劳者，行于无人之地也。

攻而必取者，攻其所不守也；守而必固者，守其所不攻也。故善攻者，敌不知其所守；善守者，敌不知其所攻。微乎微乎，至于无形；神乎神乎，至于无声，故能为敌之司命。进而不可御者，冲其虚也；退而不可追者，速而不可及也。故我欲战，敌虽高垒深沟，不得不与我战者，攻其所必救也；我不欲战，画地而守之，敌不得与我战者，乖其所之也。

故形人而我无形，则我专而敌分。我专为一，敌分为十，是以十攻其一也，则我众而敌寡；能以众击寡者，则吾之所与战者，约矣。吾所与战之地不可知，不可知，则敌所备者多；敌所备者多，则吾所与战者，寡矣。

故备前则后寡，备后则前寡，备左则右寡，备右则左寡，无所不备，则无所不寡。寡者，备人者也；众者，使人备己者也。

故知战之地，知战之日，则可千里而会战。不知战地，不知战日，则左不能救右，右不能救左，前不能救后，后不能救前，而况远者数十里，近者数里乎？

以吾度之，越人之兵虽多，亦奚益于胜败哉？故曰：胜可为也。敌虽众，可使无斗。故策之而知得失之计，作之而知动静之理，形之而知死生之地，角之而知有余不足之处。故形兵之极，至于无形。无形，则深间不能窥，智者不能谋。因形而错胜于众，众不能知；人皆知我所以胜之形，而莫知吾所以制胜之形。故其战胜不复，而应形于无穷。

夫兵形象水，水之形，避高而趋下，兵之形，避实而击虚。水因地而制流，兵因敌而制胜。故兵无常势，水无常形，能因敌变化而取胜者，谓之神。

故五行无常胜，四时无常位，日有短长，月有死生。

军争篇

孙子曰：凡用兵之法，将受命于君，合军聚众，交和而舍，莫难于军争。军争之难者，以迂为直，以患为利。

故迂其途，而诱之以利，后人发，先人至，此知迂直之计者也。军争为利，军争为危。举军而争利则不及，委军而争利则辎重捐。是故卷甲而趋，日夜不处，倍道兼行，百里而争利，则擒三将军，劲者先，疲者后，其法十一而至；五十里而争利，则蹶上将军，其法半至；三十里而争利，则三分之二至。是故军无辎重则亡，无粮食则亡，无委积则亡。故不知诸侯之谋者，不能豫交；不知山林、险阻、沮泽之形者，不能行军；不用乡导者，不能得地利。故兵以诈立，以利动，以分和为变者也。故其疾如风，其徐如林,侵掠如火,不动如山,难知如阴,动如雷震。掠乡分众,廓地分利,悬权而动。先知迂直之计者胜,此军争之法也。

《军政》曰:"言不相闻,故为之金鼓;视不相见,故为之旌旗。"夫金鼓旌旗者,所以一人之耳目也。人既专一,则勇者不得独进,怯者不得独退,此用众之法也。故夜战多金鼓,昼战多旌旗,所以变人之耳目也。

三军可夺气,将军可夺心。是故朝气锐,昼气惰,暮气归。善用兵者,避其锐气,击其惰归,此治气者也。以治待乱,以静待哗,此治心者也。以近待远,以佚待劳,以饱待饥,此治力者也。无邀正正之旗,无击堂堂之阵,此治变者也。

故用兵之法,高陵勿向,背丘勿逆,佯北勿从,锐卒勿攻,饵兵勿食,归师勿遏,围师遗阙,穷寇勿迫,此用兵之法也。

九变篇

孙子曰:凡用兵之法,将受命于君,合军聚众。圮地无舍,衢地交合,绝地无留,围地则谋,死地则战。途有所不由,军有所不击,城有所不攻,地有所不争,君命有所不受。故将通于九变之地利者,知用兵矣;将不通于九变之利者,虽知地形,不能得地之利者矣。治兵不知九变之术,虽知五利,不能得人之用矣。

是故智者之虑，必杂于利害。杂于利，而务可信也；杂于害，而患可解也。是故屈诸侯者以害，役诸侯者以业，趋诸侯者以利。故用兵之法，无恃其不来，恃吾有以待也；无恃其不攻，恃吾有所不可攻也。

故将有五危：必死，可杀也；必生，可虏也；忿速，可侮也；廉洁，可辱也；爱民，可烦也。凡此五者，将之过也，用兵之灾也。覆军杀将必以五危，不可不察也。

行军篇

孙子曰：凡处军相敌：绝山依谷，视生处高，战隆无登，此处山之军也。绝水必远水；客绝水而来，勿迎之于水内，令半济而击之，利；欲战者，无附于水而迎客；视生处高，无迎水流，此处水上之军也。绝斥泽，惟亟去无留；若交军于斥泽之中，必依水草而背众树，此处斥泽之军也。平陆处易，而右背高，前死后生，此处平陆之军也。凡此四军之利，黄帝之所以胜四帝也。

凡军好高而恶下，贵阳而贱阴，养生而处实，军无百疾，是谓必胜。丘陵堤防，必处其阳，而右背之。此兵之利，地之助也。

上雨，水沫至，欲涉者，待其定也。

凡地有绝涧、天井、天牢、天罗、天陷、天隙，必亟去之，勿近也。吾远之，敌近之；吾迎之，敌背之。

军行有险阻、潢井、葭苇、山林、翳荟者，必谨覆索之，此伏奸之所处也。

敌近而静者，恃其险也；远而挑战者，欲人之进也；其所居易者，利也。

众树动者，来也；众草多障者，疑也；鸟起者，伏也；兽骇者，覆也；尘高而锐者，车来也；卑而广者，徒来也；散而条达者，樵采也；少而往来者，营军也。

辞卑而益备者，进也；辞强而进驱者，退也；轻车先出居其侧者，陈也；无约而请和者，谋也；奔走而陈兵车者，期也；半进半退者，诱也。

杖而立者，饥也；汲而先饮者，渴也；见利而不进者，劳也；鸟集者，虚也；夜呼者，恐也；军扰者，将不重也；旌旗动者，乱也；吏怒者，倦也；粟马肉食，军无悬甀，不返其舍者，穷寇也；谆谆翕翕，徐与人言者，失众也；数赏者，窘也；数罚者，困也；先暴而后畏其众者，不精之至也；来委谢者，欲休息也。兵怒而相迎，久而不合，又不相去，必谨察之。

兵非益多也，惟无武进，足以并力、料敌、取人而已。夫惟无虑而易敌者，必擒于人。

卒未亲附而罚之，则不服，不服则难用也。卒已亲附而罚不行，则不可用也。故令之以文，齐之以武，是谓必取。令素行以教其民，则民服；令不素行以教其民，则民不服。令素行者，与众相得也。

地形篇

孙子曰：地形有通者，有挂者，有支者，有隘者，有险者，有远者。我可以往，彼可以来，曰通；通形者，先居高阳，利粮道，以战则利。可以往，难以返，曰挂；挂形者，敌无备，出而胜之；敌若有备，出而不胜，难以返，不利。我出而不利，彼出而不利，曰支；支形者，敌虽利我，我无出也；引而去之，令敌半出而击之，利。隘形者，我先居之，必盈之以待敌；若敌先居之，盈而勿从，不盈而从之。险形者，我先居之，必居高阳以待敌；若敌先居之，引而去之，勿从也。远形者，势均，难以挑战，战而不利。凡此六者，地之道也；将之至任，不可不察也。

故兵有走者，有弛者，有陷者，有崩者，有乱者，有北者。凡此六者，非天之灾，将之过也。夫势均，以一击十，曰走；卒强吏弱，曰弛，吏强卒弱，曰陷；大吏怒而不服，遇敌怼而自战，将不知其能，曰崩；将弱不严，教道不明，吏卒无常，陈兵纵横，曰乱；将不能料敌，以少合众，以弱击强，兵无选锋，曰北。凡此六者，败之道也；将之至任，不可不察也。

夫地形者，兵之助也。料敌制胜，计险厄远近，上将之道也。知此而用战者必胜，不知此而用战者必败。

故战道必胜，主曰无战，必战可也；战道不胜，主曰必战，无战可也。故进不求名，退不避罪，唯人是保，而利合于主，国之宝也。

视卒如婴儿，故可与之赴深溪；视卒如爱子，故可与之俱死。厚而不能使，爱而不能令，乱而不能治，譬若骄子，不可用也。

知吾卒之可以击，而不知敌之不可击，胜之半也；知敌之可击，而不知吾卒之不可以击，胜之半也；知敌之可击，知吾卒之可以击，而不知地形之不可以战，胜之半也。故知兵者，动而不迷，举而不穷。故曰：知彼知己，胜乃不殆；知天知地，胜乃不穷。

九地篇

孙子曰：用兵之法，有散地，有轻地，有争地，有交地，有衢地，有重地，有圮地，有围地，有死地。诸侯自战其地，为散地。入人之地不深者，为轻地。我得则利，彼得亦利者，为争地。我可以往，彼可以来者，为交地。诸侯之地三属，先至而得天下之众者，为衢地。入人之地深，背城邑多者，为重地。行山林、险阻、沮泽，凡难行之道者，为圮地。所由入者隘，所从归者迂，彼寡可以击吾之众者，为围地。疾战则存，不疾战则亡者，为死地。是故散地则无战，轻地则无止，争地则无攻，交地则无绝，衢地则合交，重地则掠，圮地则行，围地则谋，死地则战。

所谓古之善用兵者，能使敌人前后不相及，众寡不相恃，贵贱不相救，上下不相收，卒离而不集，兵合而不齐。合于利而动，不合于利而止。敢问："敌众整而将来，待之若何？"曰："先夺其所爱，则听矣。"

兵之情主速，乘人之不及，由不虞之道，攻其所不戒也。

凡为客之道：深入则专，主人不克；掠于饶野，三军足食；谨养而勿劳，并气积力，运兵计谋，为不可测。投之无所往，死且不北，死焉不得，士人尽力。兵士甚陷则不惧，无所往则固。深入则拘，不得已则斗。是故其兵不修而戒，不求而得，不约而亲，不令而信，禁祥去疑，至死无所之。吾士无余财，非恶货也；无余命，非恶寿也。令发之日，士卒坐者涕沾襟。偃卧者涕交颐。投之无所往者，诸、刿之勇也。

故善用兵者，譬如率然；率然者，常山之蛇也。击其首则尾至，击其尾则首至，击其中则首尾俱至。敢问："兵可使如率然乎？"曰："可。"夫吴人与越人相恶也，当其同舟而济，遇风，其相救也如左右手。是故方马埋轮，未足恃也；齐勇若一，政之道也；刚柔皆得，地之理也。故善用兵者，携手若使一人，不得已也。

将军之事：静以幽，正以治。能愚士卒之耳目，使之无知。易其事，革其谋，使人无识；易其居，迂其途，使人不得虑。帅与之期，如登高而去其梯；帅与之深入诸侯之地，而发其机，焚舟破釜，若驱群羊，驱而往，驱而来，莫知所之。聚三军之众，投之于险，此谓将军之事也。九地之变，屈伸之利，人情之理，不可不察。

凡为客之道：深则专，浅则散。去国越境而师者，绝地也；四达者，衢地也；入深者，重地也；入浅者，轻地也；背固前隘者，围地也；无所往者，死地也。

是故散地，吾将一其志；轻地，吾将使之属；争地，吾将趋其后；交地，吾将谨其守；衢地，吾将固其结；重地，吾将继其食；圮地，吾将进其涂；围地，"吾将塞其阙；死地，吾将示之以不活。

故兵之情，围则御，不得已则斗，过则从。是故不知诸侯之谋者，不能预交；不知山林，险阻，沮泽之形者，不能行军；不用乡导者，不能得地利；四五者，不知一，非霸王之兵也。夫霸王之兵，伐大国，则其众不得聚；威加于敌，则其交不得合。是故不争天下之交，不养天下之权，信己之私，威加于敌，故其城可拔，其国可隳。施无法之赏，悬无政之令，犯三军之众，若使一人。犯之以事，勿告以言；犯之以利，勿告以害。

投之亡地然后存，陷之死地然后生。夫众陷于害，然后能为胜败。

故为兵之事，在于顺详敌之意，并敌一向，千里杀将，此谓巧能成事者也。

是故政举之日，夷关折符，无通其使；厉于廊庙之上，以诛其事。敌人开阖，必亟入之。先其所爱，微与之期。践墨随敌，以决战事。是故始如处女，敌人开户，后如脱兔，敌不及拒。

火攻篇

孙子曰：凡火攻有五：一曰火人，二曰火积，三曰火辎，四曰火库，五曰火队。行火必有因，烟火必素具。发火有时，起火有日。时者，天之燥也；日者，月在箕、壁、翼、轸也。凡此四宿者，风起之日也。

凡火攻，必因五火之变而应之。火发于内，则早应之于外。火发兵静者，待而勿攻，极其火力，可从而从之，不可从而止。火可发于外，无待于内，以时发之。火发上风，无攻下风。昼风久，夜风止。凡军必知有五火之变，以数守之。

故以火佐攻者明，以水佐攻者强。水可以绝，不可以夺。夫战胜攻取，而不修其功者凶，命曰费留。故曰：明主虑之，良将修之。非利不动,非得不用,非危不战。主不可以怒而兴师,将不可以愠而致战;合于利而动,不合于利而止。怒可以复喜,愠可以复悦;亡国不可以复存,死者不可以复生。故明君慎之,良将警之,此安国全军之道也。

用间篇

孙子曰:凡兴师十万,出征千里,百姓之费,公家之奉,日费千金;内外骚动,怠于道路,不得操事者,七十万家。相守数年,以争一日之胜,而爱爵禄百金,不知敌之情者,不仁之至也,非人之将也,非主之佐也,非胜之主也。故明君贤将,所以动而胜人,成功出于众者,先知也。先知者,不可取于鬼神,不可象于事,不可验于度,必取于人,知敌之情者也。

故用间有五:有因间,有内间,有反间,有死间,有生间。五间俱起,莫知其道,是谓神纪,人君之宝也。因间者,因其乡人而用之。内间者,因其官人而用之。反间者,因其敌间而用之。死间者,为诳事于外,令吾间知之,而传于敌间也。生间者,反报也。

故三军之事,莫亲于间,赏莫厚于间,事莫密于间。非圣智不能用间,非仁义不能使间,非微妙不能得间之实。微哉!微哉!无所不用间也。间事未发,而先闻者,间与所告者皆死。

凡军之所欲击,城之所欲攻,人之所欲杀,必先知其守将,左右，谒者，门者，舍人之姓名，令吾间必索知之。

必索敌人之间来间我者，因而利之，导而舍之，故反间可得而用也。因是而知之，故乡间、内间可得而使也；因是而知之，故死间为诳事，可使告敌。因是而知之，故生间可使如期。五间之事，主必知之，知之必在于反间，故反间不可不厚也。

昔殷之兴也，伊挚在夏；周之兴也，吕牙在殷。故惟明君贤将，能以上智为间者，必成大功。此兵之要，三军之所恃而动也。

参考书目

沃伦·E.巴菲特，劳伦斯·A.坎宁安.巴菲特致股东的信：投资者和公司高管教程[M].杨天南，译.北京：机械工业出版社，2020.

杰里米·米勒.巴菲特致股东的信：投资原则篇[M].郝旭奇，译.北京：中信出版社，2018.

罗伯特·哈格斯特朗.巴菲特之道[M].杨天南，译.北京：机械工业出版社，2020.

艾丽斯·施罗德.滚雪球：巴菲特和他的财富人生[M].覃杨眉等，译.北京：中信出版社，2013.

梁素娟，王艳明.巴菲特投资思想大全集[M].北京：企业管理出版社，2010.

卡萝尔·卢米斯.跳着踢踏舞去上班[M].张敏，译.北京：北京联合出版集团，2017.

罗伯特·哈格斯特朗.巴菲特的投资组合[M].杨天南，译.北京：机械工业出版社，2022.

吉瓦·拉玛斯瓦米.巴菲特高收益投资策略[M].鲁冬旭,译.北京:中信出版社,2018.

威廉·桑代克.巴菲特最推崇的8大企业家特质[M].马斯文,杨天南,译.北京:中国财政经济出版社,2022.

罗伯特·迈尔斯.沃伦·巴菲特的CEO们[M].马林梅,译.北京:中国青年出版社,2019.

彼得·考夫曼.穷查理宝典[M].李继宏,译.北京:中信出版社,2016.

戴维·克拉克.查理·芒格的投资思想[M].巴曙松,陈剑,译.杭州:浙江人民出版社,2019.

查理·芒格,芒格书院.芒格之道——查理·芒格股东会讲话1987—2022[M].RanRan,译.北京:中信出版社,2023.

珍妮特·洛尔.查理·芒格传[M].邱舒然,译.北京:中国人民大学出版社,2009.

罗伯特·G.哈格斯特朗.查理·芒格的智慧[M].郑磊,袁婷婷,贾宏杰,译.北京:机械工业出版社,2015.

特兰·格里芬.查理·芒格的原则[M].黄延峰,译.北京:中信出版社,2017.

孙武.十一家注孙子[M].曹操等,注.杨丙安,校理.北京:中华书局,2012.

华杉.华杉讲透《孙子兵法》[M].南京:江苏文艺出版社,2021.

宫玉振.善战者说:孙子兵法与取胜法则十二讲[M].北京:中信出版社,2020.

李零. 兵以诈立——我读《孙子》(增订典藏本)[M]. 北京：中华书局，2011.

司马迁. 史记[M]. 北京：中华书局，2016.

左丘明. 左传全集[M]. 成都：天地出版社，2017.

蒂姆·哈福德. 拼凑真相：认清纷繁世界的十大数据法则[M]. 郑晓云，译. 北京：中信出版集团，2022.

王荣珍，金开诚. 中国古代战役战争：淝水之战[M]. 长春：吉林文史出版社，2011.

刘钢. 极简明史[M]. 南京：江苏凤凰文艺出版社，2022.

曾国藩. 曾国藩家书[M]. 哈尔滨：哈尔滨出版社，2011.

钟海澜. 巴菲特说炒股[M]. 北京：北京理工大学出版社，2012.

菲利普·费舍. 怎样选择成长股[M]. 吕可嘉，译. 北京：地震出版社，2017.

威廉·格林. 更富有、更睿智、更快乐[M]. 马林梅，译. 北京：中国青年出版社，2022.

好买基金研究中心. 中国顶级私募访谈录[M]. 上海：上海交通大学出版社，2019.

后　记

　　如果说我的上一本书《财富是认知的变现》侧重于构建投资认知的底层逻辑，那么这本书则更偏重于梳理价值投资方法论的操作系统，是上一本书的进阶之作，它们一起构成了财富认知系列的两部曲。投资表面上看是一项门槛很低的工作，似乎谁都可以参与，实则其中奥义深不可测，投资者最忌管中窥豹，以蠡测海。笔者希望通过这两部曲能够帮助投资者建立系统的财富认知。当然，对于财富认知的探索是无止境的，我也希望能够沿着这个脉络继续构造第三部曲。

　　回到这本书本身，其创意和构想完成于2022年5月，当时《第一财经》电视栏目邀请我点评巴菲特年度股东大会，在准备的过程中我复盘了巴菲特近年的投资操作，越复盘越体会到巴菲特就像一个老练的猎人，他拥有超人的耐心和毅力，在猎物没有出现之前静静地等待，猎物一旦出现就果断出击，一击而中。这非常符合《孙子兵法》"先胜后战"的理念。"先胜后战"包含两个方面，一是先胜，二是后战。先胜考验的是等待的能力，后战考验的是爆发力，两者缺一不可，而巴菲特兼而有之。于是，我通过《第一财经》电视栏目第一次抛出了"先胜后战"这个概念。当时这期节目是由我自己用手机录制传给电视编导来完成的。由于设备和技术的限制，视频的呈现效果自然是相当粗糙，但是也保留了一份特殊时期的珍贵资料。

这个概念抛出后得到了不少同仁的响应，事实上在投资界有不少人从《孙子兵法》中汲取智慧，但是一直没有人将两者建立系统、全面的联系。"静默"在家的一个意外，好处是增加了许多让我思考的时间，于是我开始将价值投资与《孙子兵法》的核心理念进行一一钩稽，形成了十大对应关系，它们也构成了本书的架构。核心观点和架构都具备之后，剩下的就是写作的技术工作了。

创作这本书的 2022 年不仅有疫情的反扑，还有 2023 年初爆发的俄乌冲突、房地产调控以及美联储的超预期加息，"3+1"冲击对中国股市造成了毫不留情的"合揍效应"，股指大跌。重阳的投资操作也经受了相当严峻的考验，不过经过投资决策委员会的几次灵活调整，终于有惊无险地渡过了这困难的一年，较好地控制了净值的回撤（个位数），为新年的再出发奠定了良好的基础。在如此极端的行情下进行投资操作，也更让我体会到"先胜后战"这一理念的极高明之处——投资这一行不在于谁跑得快，而在于谁笑到最后，而笑到最后的前提是不出局，也就是"剩者为王"。

后　记

所以，与《财富是认知的变现》一样，这本书的出炉很大程度仍得益于我在重阳投资团队受到的启发，特别是重阳投资创始人、首席投资官裘国根先生的深厚学养和投资实践中沉稳的定力，以及关键时刻的勇气都使我受益良多。重阳投资董事长王庆博士对于本书的出炉给予了自始至终的鼓励与推动，对相关部分给出了细致而合理的指导。还有重阳投资总裁汤进喜、重阳投资联席首席投资官陈心、重阳投资合伙人寇志伟等也都给本书提出了宝贵的意见，在此一并表示感谢！

同样需要大力感谢的还有湛庐文化的编辑团队，在此书的创意、架构和写作过程中，他们多次提出了非常专业和科学的编辑意见，使得本书呈现出了更丰富的面貌和更精彩的细节！

感谢家人的付出，使我能够在"核酸检测""抢菜""静默""转运"的缝隙中辟出一块净土，"抢"出这份书稿，使这本书弥足珍贵。

此外，还要特别表达对于查理·芒格先生的悼念。在本书付梓之际，他以百岁高龄辞世。芒格不仅是个投资家，也是一个人生布道者，启发了许许多多的后辈，我也是其中的一个幸运者。到现在我依然清晰地记得10年前第一次阅读《穷查理宝典》时所带来的那种醍醐灌顶式的认知冲击，让我看到了一种别样的充满魅力的智慧，这也是促成我开始写作"财富认知系列"的重要原因之一。这本书的对话主角虽然是巴菲特，但是芒格的影响同样无处不在。我谨以此书作为对芒格先生的悼念。

每一本书都是一趟不凡的精神旅行,希望每位读者也欣赏了路上的风景。

2023 年 8 月 8 日

未来，属于终身学习者

我们正在亲历前所未有的变革——互联网改变了信息传递的方式，指数级技术快速发展并颠覆商业世界，人工智能正在侵占越来越多的人类领地。

面对这些变化，我们需要问自己：未来需要什么样的人才？

答案是，成为终身学习者。终身学习意味着永不停歇地追求全面的知识结构、强大的逻辑思考能力和敏锐的感知力。这是一种能够在不断变化中随时重建、更新认知体系的能力。阅读，无疑是帮助我们提高这种能力的最佳途径。

在充满不确定性的时代，答案并不总是简单地出现在书本之中。"读万卷书"不仅要亲自阅读、广泛阅读，也需要我们深入探索好书的内部世界，让知识不再局限于书本之中。

湛庐阅读 App: 与最聪明的人共同进化

我们现在推出全新的湛庐阅读 App，它将成为您在书本之外，践行终身学习的场所。

- 不用考虑"读什么"。这里汇集了湛庐所有纸质书、电子书、有声书和各种阅读服务。
- 可以学习"怎么读"。我们提供包括课程、精读班和讲书在内的全方位阅读解决方案。
- 谁来领读？您能最先了解到作者、译者、专家等大咖的前沿洞见，他们是高质量思想的源泉。
- 与谁共读？您将加入优秀的读者和终身学习者的行列，他们对阅读和学习具有持久的热情和源源不断的动力。

在湛庐阅读 App 首页，编辑为您精选了经典书目和优质音视频内容，每天早、中、晚更新，满足您不间断的阅读需求。

【特别专题】【主题书单】【人物特写】等原创专栏，提供专业、深度的解读和选书参考，回应社会议题，是您了解湛庐近千位重要作者思想的独家渠道。

在每本图书的详情页，您将通过深度导读栏目【专家视点】【深度访谈】和【书评】读懂、读透一本好书。

通过这个不设限的学习平台，您在任何时间、任何地点都能获得有价值的思想，并通过阅读实现终身学习。我们邀您共建一个与最聪明的人共同进化的社区，使其成为先进思想交汇的聚集地，这正是我们的使命和价值所在。

CHEERS

湛庐阅读 App
使用指南

读什么
- 纸质书
- 电子书
- 有声书

怎么读
- 课程
- 精读班
- 讲书
- 测一测
- 参考文献
- 图片资料

与谁共读
- 主题书单
- 特别专题
- 人物特写
- 日更专栏
- 编辑推荐

谁来领读
- 专家视点
- 深度访谈
- 书评
- 精彩视频

HERE COMES EVERYBODY

下载湛庐阅读 App
一站获取阅读服务

图书在版编目（CIP）数据

财富善战者说/舒泰峰著. -- 杭州：浙江教育出版社, 2024.1（2024.1重印）
ISBN 978-7-5722-7151-9

Ⅰ.①财… Ⅱ.①舒… Ⅲ.①投资－通俗读物 Ⅳ.①F830.59-49

中国国家版本馆 CIP 数据核字（2023）第 239492 号

上架指导：金融投资

版权所有，侵权必究
本书法律顾问　北京市盈科律师事务所　崔爽律师

财富善战者说
CAIFU SHANZHANZHE SHUO

舒泰峰　著

责任编辑：刘姗姗
美术编辑：韩　波
责任校对：胡凯莉
责任印务：陈　沁
封面设计：ablackcover.com

出版发行	浙江教育出版社（杭州市天目山路 40 号）
印　　刷	唐山富达印务有限公司
开　　本	880mm×1230mm 1/32
印　　张	11.25	字　数：210 千字
版　　次	2024 年 1 月第 1 版	印　次：2024 年 1 月第 2 次印刷
书　　号	ISBN 978-7-5722-7151-9	定　价：119.90 元

如发现印装质量问题，影响阅读，请致电 010-56676359 联系调换。